Mosaik bei
GOLDMANN

Buch

Marie oder Lea, Lukas oder Paul – wie soll es heißen? Wenn sich ein neuer Erdenbürger ankündigt, ist es nicht zuletzt diese Frage, die werdende Eltern (und Großeltern und Tanten, Onkel, Freunde und Nachbarn) beschäftigt. Wie wichtig der Name für unser Leben sein kann, haben psychologische Untersuchungen ergeben: Denn fröhliche, wohlklingende Namen wecken lebensbejahende Gefühle und können über die Jahre hinweg die Psyche eines Menschen positiv beeinflussen. Dr. Dietrich Voorgang hat hier die schönsten und beliebtesten Vornamen zusammengetragen und liefert wissenswerte Informationen über Herkunft, Bedeutung und Verbreitung. So macht die Suche nach dem passenden Namen Spaß!

Von Dietrich Voorgang außerdem bei Mosaik bei Goldmann

Vornamen aus aller Welt (16490)
Nordische Vornamen (16557)

Dietrich Voorgang (Hrsg.)
Die schönsten Vornamen

Von Aaron bis Zoe

Mosaik bei
GOLDMANN

Verlagsgruppe Random House FSC-DEU-0100
Das für dieses Buch FSC-zertifizierte Papier *Munken Print*
liefert Arctic Paper Munkedals AB, Schweden.

2. Auflage
Aktualisierte Taschenbuchausgabe November 2005
Wilhelm Goldmann Verlag, München,
in der Verlagsgruppe Random House GmbH, München
© 1999/2000 Falken Verlag,
dort erschienen unter dem gleichnamigen Titel
und der Nummer 7432.
Umschlaggestaltung: Design Team München
Illustrationen: Peter Nieländer
Satz: Uhl + Massopust, Aalen
Druck und Bindung: GGP Media GmbH, Pößneck
BS/WR · Herstellung: Han
Printed in Germany
ISBN 978-3-442-16758-6

www.goldmann-verlag.de

Inhalt

Vorwort 7

Einführung 9
  Kurze Geschichte der Vornamen 9
  Verbreitung von Vornamen 11
  Beliebte Vornamen der Gegenwart 13
  Die 111 beliebtesten Vornamen der letzten 40 Jahre ... 14
  Hinweise zur Namenwahl 16
  Namenrechtliche Bestimmungen 18

Abkürzungen 20

Vornamen von A bis Z 25

Vorwort

Wenn Sie ein Kind erwarten, gibt es viel zu bedenken. Dazu gehört auch die Frage, wie es heißen soll. Oft fällt es sogar den Eltern schwer, sich auf einen Namen zu einigen. Und nicht selten wollen Verwandte und Freunde »mitreden«.
Bei der Namenwahl sollten Sie in erster Linie bedenken, dass Ihr Kind mit seinem Namen ein Leben lang auskommen muss und dass der Rufname zu den Worten gehört, die ein Kind von Geburt an am häufigsten hört. Wie psychologische Langzeitstudien ergeben haben, spielt die Klangfarbe eine wichtige Rolle und kann die Entwicklung der Persönlichkeit beeinflussen. Ähnlich wie in der Musik stimmen helle Klänge optimistisch und lebensbejahend, dunkle Klänge eher depressiv. Als besonders wohlklingend werden von Kindern Namen empfunden, die vor allem die Buchstaben A, E, I, M, O und V enthalten. Positiv klingende Namen sind beispielsweise Anne, Jasmin und Verena oder Christian, Matthias und Tobias.
Das vorliegende Buch will Ihnen bei Ihrer Entscheidung helfen. Die 111 beliebtesten Vornamen, die nach statistischen Untersuchungen der Gesellschaft für deutsche Sprache in den letzten 40 Jahren am häufigsten vergeben wurden, sind in einer Übersicht zusammengefasst (siehe Seite 14).
Neben diesen besonders bevorzugten Namen finden Sie eine Fülle weiterer Vorschläge mit Angaben zu Herkunft,

Vorwort

Bedeutung und verwandten Namensformen. Dabei sind auch Namen berücksichtigt, die heute seltener gewählt werden, aber für die Namengeschichte wichtig waren oder besonders verbreitete Kurz- und Nebenformen haben. Deshalb lohnt es sich, auch bei ungewohnteren Namen unter der Rubrik »Andere Formen« nachzulesen.

Auf den einleitenden Seiten erfahren Sie einiges über die Geschichte der Vornamen und ihre Verbreitung. Ein paar grundsätzliche Empfehlungen sollen die Namenwahl erleichtern. Von Interesse sind auch die namenrechtlichen Bestimmungen, die Ihnen in Zweifelsfällen weiterhelfen können. Natürlich konnten längst nicht alle Vornamen aufgenommen werden, die es gibt. Das Buch ist gewiss nicht für Namenforscher bestimmt. Sein Zweck ist erfüllt, wenn es Ihnen hilft, für Ihr Kind einen schönen, sympathisch klingenden Namen zu finden.

Einführung

Kurze Geschichte der Vornamen

Als die Menschen noch in Sippen und kleinen Gruppen zusammenlebten, genügte ein einziger Name, um jede Person eindeutig anzusprechen. Verwechslungen waren ausgeschlossen. Viele von diesen Namen sind durch historische Quellen überliefert, die meisten sind heute allerdings ungebräuchlich.

Unsere Vorfahren hatten eine Vorliebe für zweigliedrige Namen, die ursprünglich eine Sinneinheit darstellten. Adalbert beispielsweise besteht aus »adal« (edel, vornehm) und »beraht« (glänzend), bedeutet also sinngemäß »von glänzender Abstammung«. Aus diesem Namen entwickelten sich im Laufe der Zeit viele Kurz- und Nebenformen, von denen einige bis heute gebräuchlich sind (wie etwa Albert, Albrecht, Bert).

Diese Sinneinheit der Namen ging aber schon früh verloren, da es Sitte wurde, die Namen der Kinder beliebig zusammenzusetzen. Dabei griff man häufig auf jeweils einen Namensbestandteil des Vaters und der Mutter zurück. Die so entstandenen Namen ließen sich zwar noch in ihren Bestandteilen deuten, bildeten aber keine Sinneinheit mehr.

Für die Zeit zwischen etwa 750 und 1080 lassen Urkunden bereits auf etwa tausend in unserem Sprachraum gebräuchliche Namen schließen. Durch die ständig wachsende Be-

Einführung

völkerung wurde es etwa ab dem 12. Jahrhundert erforderlich, den einzelnen Personen zur besseren Unterscheidung einen Beinamen zuzuordnen. Dabei griff man zunächst auf Berufsbezeichnungen zurück, von denen sich viele bis heute erhalten haben, beispielsweise Müller, Richter oder Schulze. So entwickelten sich allmählich unsere heutigen Familiennamen.

Zu dieser Zeit drangen auch vereinzelt Vornamen aus fremden Sprachbereichen in den deutschen Sprachraum ein. Andere Vornamen wurden der Bibel entnommen, wie etwa Adam, Eva, Judith, Daniel, Andreas, Johannes, Stephan, Elisabeth und Michael. Im 13. Jahrhundert wurde es dann üblich, jedem Kind einen Namenspatron zur Seite zu stellen. So blieben bis heute neben den biblischen auch viele altdeutsche Namen erhalten, die an Märtyrer und Heilige erinnern.

Im Mittelalter waren fremde Namen nichtkirchlicher Herkunft nahezu ausschließlich Frauennamen. Sie wurden im deutschen Sprachraum meist durch die Heirat von Adligen mit den Töchtern ausländischer Herrscherhäuser bekannt; volkstümlich wurden sie freilich nie (wie zum Beispiel Beatrix).

Im 16. Jahrhundert wurden von humanistischen Gelehrten verstärkt Namen des griechischen und römischen Altertums übernommen. Aber auch solche Namen fanden keine besondere Verbreitung, ausgenommen vielleicht August (Augustus) und Julius. Diese wurden von den Fürstenhäusern Sachsens, Thüringens und Braunschweigs aufgegriffen und waren später auch im Volk weit verbreitet. In der Zeit des Humanismus wurden auch alte deutsche Namen, die fast vergessen schienen, neu belebt. Außerdem gewannen die Doppelnamen eine immer größere Bedeutung. Vater, Mutter oder die Taufpaten konnten so dem Kind ihren Namen mit auf den Lebensweg geben, ohne ihn jedoch als Rufnamen erscheinen zu lassen. Die Sitte der Doppelnamen hat sich bis heute erhalten, wenn auch nicht mehr in der ursprünglichen Absicht.

In der Zeit des Pietismus (17./18. Jahrhundert) drückte sich das fromme Lebensgefühl auch in der Neubildung von Vornamen aus. Beispiele dafür sind Christlieb, Gotthold, Gottlieb, Leberecht und Traugott. Gleichzeitig gewannen durch den Einfluss der Literatur allmählich fremde Namen im deutschen Sprachraum an Bedeutung, und sie blieben zum großen Teil bis heute erhalten.

Im 19. Jahrhundert wurden durch die romantische Literatur, die Ritter- und Räuberdichtung viele alte deutsche Namen neu belebt, zu Beginn des 20. Jahrhunderts waren häufig die unzähligen Zeitungs- und Zeitschriftenromane Quelle der Namenwahl.

Heute steht eine Fülle von deutschen und ausländischen Namen zur Verfügung, die mit den vielen Kurz-, Neben- und Koseformen kaum noch zu überblicken ist.

Verbreitung von Vornamen

Einen »Xaver« wird man sich unwillkürlich mit einer bayrischen Heimat vorstellen, während man eine »Frauke« wohl eher in Norddeutschland vermutet. Zwar hat die Entwicklung zur modernen Industrie- und Mediengesellschaft viele regionale und landschaftliche Eigenarten und Besonderheiten verwischt und verblassen lassen, trotzdem sind die gebräuchlichen Vornamen nicht gleichmäßig über das deutsche Sprachgebiet verteilt.

Eine Ursache für diese unterschiedliche Verbreitung ist die Glaubensreformation im 16. Jahrhundert. In den Gegenden der Reformation wurden die katholischen Heiligennamen gemieden und – gefördert durch die Bibelübersetzung Luthers – eher biblische Namen bevorzugt. So kommt es, dass lange Zeit Namen wie Anton, Joseph oder Therese im Süden und Westen wesentlich geläufiger waren als typisch protestantische Namen wie Gustav, Christian und Joachim.

Ein zweiter Grund ist die Namengebung nach den herrschenden Fürstenfamilien. Für manchen Friedrich, Georg, Wilhelm, Philipp oder Gustav vergangener Zeiten mag der Landesvater das Namensvorbild gewesen sein.

Zum Dritten macht sich in den Randgebieten des deutschen Sprachraums der nachbarschaftliche Einfluss bemerkbar: Jens und Lars in Schleswig-Holstein zeigen die Nähe zu den skandinavischen Ländern, Jan und Milan im ostdeutschen Sprachraum erinnern an die slawischen Nachbarn, und wenn ein Georg im Südwesten »Schorsch« gerufen wird, so ist das nichts anderes als eine eingebürgerte Eindeutschung des entsprechenden französischen Vornamens.

Beliebte Vornamen der Gegenwart

Vergleicht man die Vornamensstatistiken aus mehreren Jahrzehnten miteinander, so fallen einerseits Namen auf, die vermutlich Ausdruck des jeweiligen Zeitgeschmacks sind, andererseits stellt sich aber auch heraus, dass Eltern über Generationen hinweg viel beständiger und »konservativer« sind, als man vielleicht annimmt.

Auch heute gilt: Starsearch, Fernsehserien und Wimbledon-Siege ziehen keinen Vornamen-Boom nach sich und beeinflussen die langfristigen Trends kaum.

Bei den Jungen waren in den vergangenen zehn Jahren Maximilian und Alexander regelmäßig unter den zehn beliebtesten; neu aufgekommen sind Tim und Jonas. Bei den Mädchen hielten sich Sophie/Sophia, Maria und Katharina am beständigsten, während in den letzten Jahren vor allem Lea und Lena an Beliebtheit gewannen.

Hier die Rangfolge der beliebtesten Vornamen des Jahres 2004:

Jungen	*Mädchen*
1. Maximilian	1. Marie
2. Alexander	2. Sophie
3. Paul	3. Maria
4. Leon	4. Anna/Anne
5. Lukas/Lucas	5. Leonie
6. Luca	6. Lea(h)
7. Felix	7. Laura
8. Jonas	8. Lena
9. Tim	9. Katharina
10. David	10. Johanna

Die 111 beliebtesten Vornamen der letzten 40 Jahre
Alphabetische Liste

Hier sind die jeweils 10 beliebtesten Vornamen der Jahre 1957/58–2000 in alphapetischer Reihenfolge zusammengestellt. Dabei sind nicht alle der möglichen Varianten (Schreibvarianten) eines Namens berücksichtigt.

Mädchennamen

Andrea	Janina	Monika
Angelika	Jennifer	Nadine
Anja	Jessica, Jessika	Nicole
Anke	Julia	Petra
Anna, Anne	Juliane	Sabine
Annett	Karin	Sabrina
Antje	Karolin	Sandra
Barbara	Katharina	Sara,
Birgit	Kathrin, Katrin	Sarah
Brigitte	Katja	Silke
Christin, Kristin	Kerstin	Simone
Christina, -e	Laura	Sophia, Sophie
Claudia	Lea	Stefanie,
Daniela	Lena	Stephanie
Diana	Lisa	Susanne
Doreen	Mandy	Tanja
Franziska	Manuela	Ulrike
Gabriele	Maria, Marie	Ursula
Heike	Marina	Uta, Ute
Ines	Martina	Vanessa
Jana	Melanie	Yvonne

Die beliebtesten Vornamen der letzten 40 Jahre

Jungennamen

Alexander
Andreas
Benjamin
Bernd
Christian
Daniel
David
Dennis
Dieter
Dirk
Dominik
Eric, Erik
Felix
Florian
Frank
Jan
Jens
Jonas
Jörg
Jürgen
Kevin
Klaus,
Claus
Leon
Lukas, Lucas
Marcel
Marco,
Marko
Mario
Markus
Martin
Mathias,
Matthias
Max
Maximilian
Michael
Mike, Maik
Niklas
Patrick
Paul
Peter
Philipp,
Phillipp
Ralf, Ralph
René
Robert
Sebastian
Stefan,
Stephan
Steffen
Sven, Swen
Thomas
Thorsten
Tim
Tobias
Tom
Torsten
Ulrich
Uwe
Wolfgang

Einführung

Hinweise zur Namenwahl

Die Überlegungen zur Namenwahl beginnen meist schon lange vor dem ermittelten Geburtstermin und sind manchmal selbst auf dem Weg in den Kreißsaal noch nicht abgeschlossen. Um dieses Thema drehen sich oft hitzige Familiendebatten, Freunde wollen mitreden und selbst die Nachbarn melden sich zu Wort.
Bitte bedenken Sie bei der Namenwahl, dass Ihr Kind mit seinem Vornamen ein ganzes Leben lang auskommen muss! Wenn der Name vom Standesbeamten erst einmal in das Geburtsregister eingetragen ist, gibt es fast keinen Weg mehr, um ihn zu ändern. (Günstig ist es, wenn Sie sich sowohl den ausgewählten Mädchen- als auch den Jungennamen in der gewünschten Schreibweise auf einem Zettel notieren und ihn mit zur Entbindung in die Klinik und später dann auch zum Standesamt mitnehmen. Das vermeidet Missverständnisse und Ärger.)
Nachfolgend sind ein paar Gesichtspunkte zusammengestellt, die die Namenwahl etwas erleichtern sollen:

- Bedenken Sie, dass Sie in erster Linie nicht Ihre Wünsche, sondern die Interessen Ihres Kindes berücksichtigen sollten.
- Wählen Sie nur zwei Vornamen.
- Vermeiden Sie Koseformen und geben Sie Ihrem Kind den Namen, den es als Erwachsener tragen kann.
- Vermeiden Sie stark landschaftlich geprägte Namen. So kann zum Beispiel Sepp in Bayern sehr schön und geläufig sein, klingt in Hamburg aber recht ungewohnt.

Hinweise zur Namenwahl

- Wählen Sie keinen langen Vornamen bei langem Familiennamen und keinen kurzen Vornamen bei kurzem Familiennamen.
- Vor- und Familienname sollten rhythmisch aufeinander abgestimmt sein und zu einem harmonischen Wechsel von betonten und unbetonten Silben führen (Beate Seuberlich).
- Vor- und Familienname sollten sich nicht reimen. So ist bei einer Grete Bethe der Spott schon vorprogrammiert.
- Der Vorname sollte anders auslauten, als der Familienname anlautet (also nicht: Hannes Sütz).
- Vorsicht bei der Wahl fremder und ausgefallener Vornamen! Eltern sind vielleicht stolz auf den »besonderen« Namen oder die »besondere« Schreibweise, für das Kind kann dieser Name aber eine lebenslange Belastung werden.
- Vorsicht ist auch bei der Wahl von Namen angebracht, mit denen literarische oder historische Personen assoziiert werden! So denkt man bei einer Brunhilde sicher an eine Walküre, bei Julia an Shakespeare und bei Carmen an Bizet.
- Wenn Sie Ihrem Kind zwei Vornamen mit auf den Lebensweg geben möchten, so ist die getrennte Schreibung zu empfehlen. Zusammen sollten sie nur geschrieben werden, wenn beide Namen kurz sind und in einem Hauptton gesprochen werden, wie etwa bei Hansjürgen oder Annemarie. Enge Namenspaare kann man aber auch mit einem Bindestrich verbinden, wie bei Karl-Heinz oder Klaus-Peter.

Einführung

Namenrechtliche Bestimmungen

Heute haben die Eltern die freie Wahl des Vornamens für ihr Kind. Dieses Recht ist im »Bürgerlichen Gesetzbuch« verankert und wird geregelt durch die »Dienstanweisung für die Standesbeamten und ihre Aufsichtsbehörden« (Ausgabe 1968, geänderte Fassung 1971, 1975 und 1981). In dieser Dienstanweisung sind die Anzeige der Geburt, die Aussprache und Schreibweise der Vornamen, die nachträgliche Anzeige der Vornamen und die Änderung von Namen und Vornamen geregelt. Nachfolgend ein paar wichtige Bestimmungen aus der Dienstanweisung für die Standesbeamten:

- Bezeichnungen, die ihrem Wesen nach keine Vornamen sind, dürfen nicht als solche eingetragen werden. Diese Bestimmung wird aber schon seit einiger Zeit nicht mehr so eng ausgelegt. So wurden als weibliche Vornamen zum Beispiel Birke, Flora, Viola, Jasmin, Europa, Germania, Bavaria und als männlicher Vorname beispielsweise Oleander zugelassen. Außerdem wurden als männliche Zweitnamen Pumuckl, Timpe und Winnetou von Eltern gerichtlich erstritten. Dagegen wurden Störenfried und Bierstübl nicht zugelassen. Unerlaubt sind auch Standesbezeichnungen wie Princess, Graf und Earl.
- Das Geschlecht muss eindeutig erkennbar sein. Wenn dies nicht der Fall ist, muss ein eindeutiger Zweitname vergeben werden.
- Die Anzahl der Vornamen ist nicht beschränkt. Mehrere Vornamen dürfen durch Bindestriche gekoppelt werden, Kommas sind dagegen unzulässig.

Namenrechtliche Bestimmungen

- Anstößige Namen oder unzulässige Namen (z. B. Christus) dürfen nicht als Vornamen eingetragen werden. Ende 1998 wurde Jesus als Vorname für ein deutsches Kind gerichtlich anerkannt (OLG Frankfurt a. M.).
- Die Schreibweise der Vornamen richtet sich nach den allgemeinen Regeln der Rechtschreibung; ausgenommen ist die ausdrücklich gewünschte andere Schreibweise eines Vornamens.
- Fremdsprachige Namen müssen wie in ihrem Herkunftsland geschrieben werden oder nach den Lautregeln der deutschen Rechtschreibung übertragen werden. Daher gibt es viele eingedeutschte Formen ausländischer Vornamen.

Abkürzungen

A

ägypt.	ägyptisch
ahd.	althochdeutsch
altnord.	altnordisch
amerikan.	amerikanisch
angelsächs.	angelsächsisch
angloamerikan.	anglo-amerikanisch
arab.	arabisch
aram.	aramäisch
argentin.	argentinisch

B

bask.	baskisch
bayr.	bayrisch
böhm.	böhmisch
brasilian.	brasilianisch
breton.	bretonisch
brit.	britisch
bulgar.	bulgarisch

C • D

chilen.	chilenisch
dän.	dänisch

E • F

engl.	englisch
finn.	finnisch

Abkürzungen

fläm.	flämisch
französ.	französisch
fries.	friesisch

G • H
geb.	geboren
german.	germanisch
gest.	gestorben
griech.	griechisch
hebr.	hebräisch

I • J
indian.	indianisch
iran.	iranisch
isländ.	isländisch
israel.	israelisch
italien.	italienisch
Jh.	Jahrhundert
jugoslaw.	jugoslawisch

K • L
kanad.	kanadisch
kelt.	keltisch
kolumbian.	kolumbianisch
lat.	lateinisch

M • N
männl.	männlich
mazedon.	mazedonisch
mexikan.	mexikanisch

Abkürzungen

mittelniederd.	mittelniederdeutsch
n. Chr.	nach Christus
nhd.	neuhochdeutsch
niederd.	niederdeutsch
niederländ.	niederländisch
nord.	nordisch
normann.	normannisch
norweg.	norwegisch

O • P

oberd.	oberdeutsch
österr.	österreichisch
pers.	persisch
poln.	polnisch
portug.	portugiesisch
preuß.	preußisch

R

rätoroman.	rätoromanisch
rhein.	rheinisch
röm.	römisch

roman.	romanisch
rumän.	rumänisch
russ.	russisch

S

sächs.	sächsisch
schles.	schlesisch
schott.	schottisch
schwäb.	schwäbisch
schwed.	schwedisch
schweiz.	schweizerisch
semit.	semitisch
serbokroat.	serbokroatisch
skand.	skandinavisch
slaw.	slawisch
slowak.	slowakisch
slowen.	slowenisch
span.	spanisch

T • U

tschech.	tschechisch
türk.	türkisch
ungar.	ungarisch

V • W

v. Chr.	vor Christus
Vorn.	Vorname
walis.	walisisch
weibl.	weiblich

Vornamen von

> Der gute Name ist
> bei Mann und Frau
> das eigentliche
> Kleinod ihrer Seelen.
>
> *William Shakespeare,*
> *Othello*

Aaron männl., aus der Bibel übernommener Vorn. hebr. Ursprungs, eigentlich »Bergbewohner, Erleuchteter«; in der Bibel ist Aaron der ältere Bruder von Moses
Andere Formen: **Aron**

Abel männl., aus der Bibel übernommener Vorn. hebr. Ursprungs, eigentlich »Hauch, Vergänglichkeit«; in der Bibel ist Abel der zweite Sohn von Adam und Eva, der von seinem Bruder Kain erschlagen wurde; im Mittelalter galt Abel auch als Kurzform zu **Albrecht** und **Adalbert**

Abigail weibl., aus der Bibel übernommener Vorn., eigentlich »Vaterfreude«; in der Bibel ist Abigail die Gattin (oder Schwester?) von König David

Abraham männl., aus der Bibel übernommener Vorn. hebr. Ursprungs, eigentlich »erhabener Vater«
Andere Formen: **Abi; Bram** (engl.); **Äbi** (schweiz.); **Ibrahim** (arab.)

Achill

Bekannte Namensträger: Abraham Lincoln, amerikan. Präsident (1809 bis 1865)

Achill männl., aus dem Griech. übernommener Vorn., vielleicht Herkunftsname zu Achilleion, einem Schloss auf Korfu; in der griech. Mythologie ist Achill der Held von Troja, der durch Paris fiel, obwohl er unverwundbar war – bis auf seine Ferse (daher auch der Begriff »Achillesferse«)
Andere Formen: **Achilles**

Achim männl., Kurzform zu Joachim
Bekannte Namensträger: Achim von Arnim, deutscher Dichter (1781 bis 1831)

Achmed männl., aus dem Arab. übernommener Vorn., eigentlich »lobenswert«

Adalbert männl., aus dem ahd. »adal« (edel, vornehm) und »beraht« (glänzend)
Verbreitung: durch die Verehrung mehrerer Heiliger im Mittelalter verbreitet; die Kurzformen spielten dabei eine größere Rolle als die Vollform; durch die romantische Dichtung zu Beginn des 19. Jh. wurde der Vorn. neu belebt, ist aber heute fast in Vergessenheit geraten
Andere Formen: **Adelbert, Adalbrecht, Adelbrecht, Edelbert, Abo, Albrecht, Albert, Abel, Bert, Brecht; Apke** (fries.)
Bekannte Namensträger: Adalbert von Chamisso, deutscher Dichter (1781 bis 1838); Adalbert Stifter, österr. Schriftsteller (1804 bis 1868)
Namenstag: 20. Juni

Adalfried männl., aus dem ahd. »adal« (edel, vornehm) und »fridu« (Friede)
Andere Formen: **Alfried, Altfried**

Adalwin männl., aus dem ahd. »adal« (edel, vornehm) und »wini« (Freund)
Andere Formen: **Adelwin, Alwin**

Adam männl., aus der Bibel übernommener Vorn., eigentlich »Mensch, der von der Erde Genommene«; in der Bibel ist Adam der Stammvater aller Menschen; der Vorn. war im Mittelalter sehr verbreitet, wird aber heute nur selten gewählt
Bekannte Namensträger: Adam Riese, deutscher Rechenpädagoge (1492 bis 1559); Adam Opel, deutscher Industrieller (1837 bis 1895)

Adam

Adelheid weibl., aus dem ahd. »adal« (edel, vornehm) und »heit« (Wesen, Art)
Verbreitung: im Mittelalter durch die Verehrung der heiligen Adelheid, Gattin von Otto dem Großen und Regentin für Otto III., sehr beliebter Vorn.; im 19. Jh. wurde der Vorn. durch die Ritterdichtung neu belebt, wird aber heute nur noch selten gewählt
Andere Formen: **Adele, Adalie, Adeline, Alheit, Alida, Heide, Heidi, Lida; Aaltje, Aletta, Ailke, Alita, Altje, Elke, Lida, Letta, Tale, Tela, Tida, Talida, Talika, Teida** (fries., niederländ.); **Alice** (engl.); **Adelaide** (französ.); **Talesia** (bask.)
Namenstag: 16. Dezember

Adelhilde weibl., aus dem ahd. »adal« (edel, vornehm) und »hiltja« (Kampf)

Adellinde weibl., aus dem ahd. »adal« (edel, vornehm) und »linta« (Schutzschild aus Lindenholz)

Adeltraud weibl., aus dem ahd. »adal« (edel, vornehm) und »trud« (Kraft, Stärke)
Andere Formen: **Adeltrud, Edeltraud**

Adina weibl., aus der Bibel übernommener Vorn. hebr. Ursprungs, eigentlich »die (von Gott) Geschmückte« oder Kurzform von Vorn. mit »Adal«
Andere Formen: **Dina**

Adolar männl., aus dem ahd. »adal« (edel, vornehm) und »aro« (Adler); im 19. Jh. durch die Ritterdichtung und romantische Literatur verbreiteter Vorn.
Andere Formen: **Adelar**

Adolf männl., aus dem ahd. »adal« (edel, vornehm) und »wolf« (Wolf)
Verbreitung: durch den Schwedenkönig Gustav Adolf war der Vorn. weit verbreitet; in den 30er Jahren des 20. Jh. wurde Adolf Hitler als Namensvorbild gewählt und nach dem Zweiten Weltkrieg wird der Vorn. in Deutschland gemieden
Andere Formen: **Ado, Adi, Alf, Dolf, Adolph** (engl.); **Adolphe** (französ.); **Adolfo, Ezzo** (italien.)
Namenstag: 13. Februar

Adolfa weibl. Form zu Adolf
Andere Formen: **Adolfina, Adolfine**

Adonia weibl. Form zu Adonis

Adonis männl., zu semit. »adon« (Herr); Adonis ist in der griech. Mythologie ein schöner Jüngling und Geliebter der Aphrodite *Andere Formen:* **Adonias**

Adrian männl., aus dem Lat. übernommener Vorn., eigentlich »der aus der Hafenstadt Adria Stammende«; der Vorn. war als Name mehrerer Päpste im Mittelalter verbreitet, besonders in Flandern und im Rheinland; heute wird der Vorn. wieder öfter gewählt *Andere Formen:* **Hadrian; Adrien** (französ.); **Adriano** (italien.); **Arian, Adriaan** (niederländ.) *Namenstag:* 8. September

Adriana weibl. Form zu Adrian *Andere Formen:* **Adriane; Adrienne** (französ.)

Agathe weibl., aus dem griech. »agathós« (gut) *Andere Formen:* **Agatha, Agi; Agafia, Agascha** (russ.); **Agda** (dän., schwed.) *Bekannte Namensträger:* Agatha Christie, engl. Schriftstellerin (1890 bis 1976) *Namenstag:* 5. Februar

Ägid männl., aus dem Griech. übernommener Vorn., eigentlich »Schildhalter« *Andere Formen:* **Ägidius, Egidius, Gil, Ilg, Gid; Egidio** (italien.); **Gils, Gilg** (niederländ.); **Giles** (engl.); **Gilles** (französ.) *Namenstag:* 1. September

Agilolf männl., aus dem ahd. »agal« (Schwertspitze) und »wolf« (Wolf) *Andere Formen:* **Aigulf, Egilolf** *Namenstag:* 9. Juli

Agimar männl., aus dem ahd. »agal« (Schwertspitze) und »mari« (berühmt)

Agimund

Agimund männl., aus dem ahd. »agal« (Schwertspitze) und »munt« (Schutz der Unmündigen)

Aginald männl., aus dem ahd. »agal« (Schwertspitze) und »waltan« (walten, herrschen)
Andere Formen: **Eginald**

Aginolf männl., aus dem ahd. »agal« (Schwertspitze) und »wolf« (Wolf)
Andere Formen: **Aginulf**

Aglaia weibl., aus dem griech. »aglaia« (Glanz, Pracht); in der griech. Mythologie ist Aglaia die Göttin der Anmut
Andere Formen: **Aglaja**

Agnes weibl., aus dem Griech. übernommener Vorn., eigentlich »die Keusche«
Verbreitung: durch die Verehrung der Heiligen Agnes, Patronin der Jungfräulichkeit, im Mittelalter verbreitet; das Schicksal der Bürgertochter Agnes Bernauer wurde mehrfach literarisch bearbeitet (sie war die heimliche Geliebte des Bayernherzogs Albrecht III. und wurde von ihrem Vater 1435 als Zauberin ertränkt); im 19. Jh. durch Ritter- und Räubergeschichten neu belebt
Andere Formen: **Agnete; Agnita**, **Agneta** (schwed.); **Agnese** (italien.); **Inés** (span.)
Bekannte Namensträger: Agnes Straub, deutsche Schauspielerin (1890 bis 1941)
Namenstag: 21. Januar

Aida weibl., wahrscheinlich zu griech. »aithiopis« (die Äthiopierin), seit Verdis gleichnamiger Oper (1871) öfter gewählt

Aimée weibl. französ. Form zu Amatus

Aja weibl., aus dem Italien. übernommener Vorn., eigentlich »die Erzieherin, Hüterin«

Akelei weibl., Name einer Blume, die zu den Hahnenfußgewächsen zählt

Akulina weibl., russ. Form zu lat. »aquila« (Adler)

Alain männl.; die Alani waren ein iran. Steppenvolk, von denen ein Teil mit den Germanen nach Westen wanderte und der andere Teil von den Mongolen verdrängt wurde *Verbreitung:* vor allem im französ. Sprachgebiet verbreitet; Anfang des 20. Jh. in adligen Familien oft gewählt *Andere Formen:* **Alan, Allan, Allen; Alanus** (lat.) *Bekannte Namensträger:* Alain Prost, französ. Rennfahrer (geb. 1955); Alain Delon, französ. Schauspieler (geb. 1935)

Alba weibl., aus dem lat. »alba« (weiße Perle)

Alban männl., aus dem Lat. übernommener Vorn., eigentlich »Mann aus Alba« *Bekannte Namensträger:* Alban Berg, österr. Komponist (1885 bis 1935)

Alberich männl., aus dem ahd. »alb« (Geist) und »rihhi« (reich, mächtig) *Andere Formen:* **Elberich**

Alberta weibl. Form zu Albert (Kurzform zu Adalbert) *Andere Formen:* **Alberte, Albertina, Albertine, Abelke, Berta**

Albina weibl. Form zu Albin, einer Nebenform von Albwin

Albwin männl., aus dem ahd. »alb« (Naturgeist) und »wini« (Freund)

Andere Formen: **Alboin, Albuin**

Alexander männl., aus dem Griech. übernommener Vorn., eigentlich »der Männer Abwehrende, der Schützer« *Verbreitung:* bekannt durch Alexander den Großen (356 bis 323 v. Chr.), in Deutschland erst im 18. Jh. durch die

Alexandra

Bewunderung für den russ. Zaren Alexander I. stärker verbreitet
Andere Formen: **Alex, Alexis, Lex, Sander, Sandro, Xander, Zander; Alessandro, Sandro** (italien.); **Alec, Alick, Sander** (engl.); **Alexandr, Alexej, Aljoscha, Sanja, Sascha** (russ.); **Sándor** (ungar.); **Alexandre** (französ.)
Bekannte Namensträger: Alexander von Humboldt, deutscher Naturforscher und Geograf (1769 bis 1859); Alexander Puschkin, russ. Schriftsteller (1799 bis 1837); Alexander Solschenizyn, russ. Schriftsteller und Nobelpreisträger (geb. 1918)
Namenstag: 3. Mai

Alexandra weibl. Form zu Alexander
Verbreitung: die Kirche kennt zwei Heilige namens Alexandra; um die Wende des 19./20. Jh. noch beinahe ausschließlich Adelsname, seit den 60er Jahren zunehmend beliebt
Andere Formen: **Alexia, Alexandrina, Alex, Sandra; Alla** (schwed.); **Alja, Sanja** (russ.); **Alessandra** (italien.)
Namenstag: 20. März, 21. April

Alfons männl., romanisierter westgot. Vorn. aus german. »hathu« und »funs« (eifrig)
Verbreitung: durch die german. Völkerwanderung in roman. Gebieten angesiedelt; später durch französ. und span. Einfluss wieder in Deutschland bekannt geworden;

größere Verbreitung im 19. Jh. durch die Verehrung des heiligen Alfons von Liguori; heute selten gewählt
Andere Formen: **Alphons; Alphonse** (französ.); **Alfonso** (italien., span.); **Alonso** (span.)
Namenstag: 1. August

Alfred männl., aus dem altengl. »aelf« (Naturgeist) und »raed« (Rat, Ratgeber)
Verbreitung: seit dem Mittelalter in Deutschland verbreitet; erst im 19. Jh. spielte die engl. Form Alfrad eine größere Rolle und wurde oft gewählt; danach weniger verbreitet
Andere Formen: **Alf, Fred**
Bekannte Namensträger: Alfred Krupp, deutscher Industrieller (1812 bis 1887); Alfred Nobel, schwed. Chemiker (1833 bis 1896); Alfred Döblin, deutscher Schriftsteller (1878 bis 1957); Alfred Brehm, deutscher Zoologe (1826 bis 1884); Alfred Hitchcock, engl. Regisseur (1899 bis 1980)
Namenstag: 28. Oktober

Alfreda weibl. Form zu Alfred

Alger männl., aus dem Fries. übernommener Vorn. ahd. Ursprungs von »adal« (edel, vornehm) und »ger« (Speer)
Andere Formen: **Alker**

Alice weibl., engl. Form zu Adelheid, Alexandra oder Elisabeth; bekannt wurde der Vorn. in Deutschland durch L. Carrolls Kinderbuch »Alice in Wonderland«
Andere Formen: **Alisa, Alison**
Bekannte Namensträger: Alice Kessler, deutsche Schauspielerin, Tänzerin und Sängerin

(geb. 1936); Alice Schwarzer, deutsche Feministin, Journalistin und Fernsehmoderatorin (geb. 1949)

Alma weibl., aus dem Span. übernommener Vorn. lat. Ursprungs, eigentlich »die Nährende«; der Vorn. war im 19. Jh. weit verbreitet; Alma ist aber auch die Kurzform zu Vorn. mit »Alma-« *Bekannte Namensträger:* Alma Mahler-Werfel, Witwe des Komponisten Gustav Mahler (1879 bis 1964)

Alois männl., romanisierte Form des ahd. Vorn. Alawis, eigentlich »vollkommen weise«; im 18. Jh. durch die Verehrung des heiligen Aloysius von Gonzaga im gesamten deutschsprachigen Raum verbreitet
Andere Formen: **Aloisius, Aloys, Aloysius; Aloyse, Louis** (französ.); **Aloisio, Luigi** (italien.); **Alajos** (ungar.)
Namenstag: 21. Juni

Aloisa weibl. Form zu Alois
Andere Formen: **Aloisia, Aloysia**

Alvaro männl., aus dem Span. übernommener Vorn. ahd. Ursprungs, zu »ala« (all, ganz) und »wart« (Hüter)

Alwara weibl. Form zu Alvaro

Amabel weibl., aus dem Engl. übernommener Vorn. lat. Ursprungs, eigentlich »die Liebenswerte/Liebenswürdige«
Andere Formen: **Amabella; Mabel** (engl.)

Amadeus männl., aus dem Lat. übernommener Vorn., eigentlich »liebe Gott!«
Andere Formen: **Amedeo** (italien.);

Amédée (französ.); **Amate** (bask.); **Amadeo** (span.)
Bekannte Namensträger: Wolfgang Amadeus Mozart, österr. Komponist (1756 bis 1791)

Amalia weibl., Kurzform zu Vorn. mit »Amal-«, besonders von Amalberga zum ahd. »amal« (auf das ostgot. Geschlecht der Amaler bezogen); der Vorn. war im 18. Jh. sehr beliebt und wurde vor allem durch die Gestalt der Amalia in Schillers Drama »Die Räuber« bekannt
Andere Formen: **Amalie, Amalina, Amalindis, Male, Malchen, Mali; Amélie, Ameline** (französ.)

Amanda weibl. Form zu Amandus
Andere Formen: **Manda, Mandy; Maite** (bask.)

Amandus männl., aus dem lat. »amandus« (liebenswürdig)
Andere Formen: **Mandus; Amand** (französ.)
Namenstag: 6. Februar

Amata weibl., aus dem lat. »amata« (die Geliebte)
Andere Formen: **Amy** (engl.); **Aimée** (französ.)

Amatus männl., aus dem lat. »amatus« (geliebt)

Ambra weibl., italien. Vorn. arab. Ursprungs, eigentlich »Bernstein« oder »die Blonde«
Andere Formen: **Amber** (engl.); **Ambre** (französ.)

Ambrosia weibl. Form zu Ambrosius
Andere Formen: **Amrosine** (engl.)

Ambrosius männl., aus dem Griech. übernommener Vorn., eigentlich »der Unsterbliche«; durch die Verehrung des heiligen Ambrosius, Bischof von Mailand und Kirchenlehrer (4. Jh.), im Mittelalter weit verbreitet

Andere Formen: **Ambros, Bros, Brasch; Ambrose** (engl.); **Ambroise** (französ.); **Ambrogio, Ambrosio, Brogio** (italien.)
Namenstag: 7. Dezember

Amon männl., griech. Name des ägypt. Sonnengottes »Amun Re«; eigentlich »Sohn meines Volkes«

Amos männl., aus der Bibel übernommener Vorn. hebr. Ursprungs, eigentlich »von Gott getragen«; in der Bibel ist Amos ein Viehhirte, der von Gott zum Propheten berufen wurde

Anastasia weibl. Form zu Anastasius; Verbreitung im Mittelalter durch die Verehrung der heiligen Anastasia; im 20. Jh. wurde der Vorn. durch die jüngste Zarentochter neu belebt, die der Ermordung ihrer Familie entkommen sein soll
Andere Formen: **Stasi; Nastasja, Tassja, Asja, Assja** (russ.)

Anastasius männl., aus dem Griech. übernommener Vorn., eigentlich »der Auferstandene«; im 16. Jh. weit verbreitet, auch als Papst- und Heiligenname bekannt
Andere Formen: **Stasl, Statz; Anastasie** (französ.); **Anastasio** (italien.)
Namenstag: 22. Januar

Anatol männl., aus dem Griech. übernommener Vorn., eigentlich »der aus Anatolien Stammende«; bekannt ist der Vorn. durch den französ. Schriftsteller und Nobelpreisträger Anatole France (1844 bis 1924)
Andere Formen: **Anatole** (französ.); **Anatolij** (russ.); Anatolio (italien.)

André männl., französ. Form zu Andreas
Bekannte Namensträger: André Gide, französ. Schriftsteller

und Nobelpreisträger (1869 bis 1951); André Heller, österr. Kabarettist und Chansonnier (geb. 1947)

Andrea weibl. Form zu Andreas
Andere Formen: **Andrée** (französ.); **Andreane, Andrejana** (slaw.); auch männl. italien. Form zu Andreas

Andreas männl., aus der Bibel übernommener Vorn. griech. Ursprungs, eigentlich »der Mannhafte, der Tapfere«
Verbreitung: in der Bibel ist der Apostel Andreas der Bruder des Petrus und wurde in Patras am Schrägbalkenkreuz hingerichtet (daher die Bezeichnung »Andreaskreuz«); seit dem Mittelalter ist der Vorn. sehr beliebt und wird auch heute noch oft gewählt
Andere Formen: **Andi; Andrea** (italien.); **André** (französ.);

Andreas

Andrew, Andy (engl.); **Andrej** (slaw.); **Andrees** (niederländ.); **Andor, András** (ungar.); **Anders** (skand.); **Drewes, Drees, Ainers, Andries, Andres** (fries.); **Anderl** (österr.); **Andrej, Andrusch** (russ.); **Andrzej** (poln.)
Bekannte Namensträger: Andreas Hofer, Tiroler Freiheitsheld (1767 bis 1810); Andreas Gryphius, deutscher Dichter (1616 bis 1664); Andreas Brehme, deutscher Fußballspieler (geb. 1960)
Namenstag: 30. November

Angela weibl. Form zu Angelus
Andere Formen: **Angelia, Angelika, Gela, Angeli, Angie; Angelina, Agnola** (italien., span.); **Angèle** (französ.); **Angel** (engl.); **Aniela** (poln.)

Angelika weibl., Nebenform zu Angela
Andere Formen: **Angelica; Angélique** (französ.)
Bekannte Namensträger: Angelika Milster, deutsche Sängerin (geb.1951)

Angelus männl., aus dem Griech. übernommener Vorn., eigentlich »Bote Gottes«
Andere Formen: **Angel, Angelikus; Angelico, Angelo** (italien.); **Anjo** (bulgar.); **Ángel** (span.)

Anja weibl., russ. Form zu Anna
Andere Formen: **Anjuta, Anjuscha**
Bekannte Namensträger: Anja Fichtel, deutsche Fechterin (geb. 1968)

Anna weibl., aus dem Hebr. übernommener Vorn., eigentlich »Gottes Gnade« oder weibl. Form zu Anno
Verbreitung: durch die Verehrung der Mutter der biblischen Maria im Mittelalter weit verbreitet; im 19. Jh. wurde der Vorn. durch die Gestalt der Anna Karenina des

gleichnamigen Romans von Tolstoi neu belebt; bis heute ist der Vorn., auch in Doppelnamen beliebt
Andere Formen: **Anne, Andel, Ann, Anny, Anneli, Änne, Nanna, Nanne, Annina, Nanina; Anja, Anne** (russ.); **Ana, Anninka** (poln.); **Antje, Anke, Anneke** (niederländ., fries.); **Anne, Nancy** (engl.); **Ana, Anita, Ania** (span.); **Annika** (schwed.); **Anica, Anjuschka, Annika, Anka** (slaw.); **Annette, Nannette, Nanon** (französ.)
Bekannte Namensträger: Anna Pawlowa, russ. Ballerina (1882 bis 1931); Anna Seghers, deutsche Schriftstellerin (1900 bis 1983); Anna Magnani, italien. Schauspielerin (1910 bis 1973)
Namenstag: 26. Juli

Annalena weibl., Doppelname aus Anna und Helene

Annette weibl., französ. Form zu Anna
Andere Formen: **Annett**
Bekannte Namensträger: Annette von Droste-Hülshoff, deutsche Schriftstellerin (1797 bis 1848); Annette Kolb, deutsche Schriftstellerin (1875 bis 1968)

Annika weibl., schwed. und slaw. Koseform zu Anna; bekannt geworden durch die Figur der Annika in A. Lindgrens Kinderbuch »Pippi Langstrumpf«
Andere Formen: **Anika, Anik**

Annkathrin weibl., Doppelname aus Anna und Katharina
Andere Formen: **Annekathrin, Annekatrin**

Anselm männl., aus dem german. »ans« (Gott) und dem ahd. »helm« (Helm, Schutz) *Bekannte Namensträger:* Anselm Grün, deutscher Theologe und Schriftsteller (geb. 1945)

Anselma weibl. Form zu Anselm
Ansgar männl., aus dem german. »ans« (Gott) und dem ahd. »ger« (Speer); bekannter ist heute die Nebenform **Oskar**
Namenstag: 3. Februar
Ansgard weibl., alter deutscher Vorn. aus dem german. »ans« (Gott) und dem ahd. »gard« (Schutz)
Andere Formen: **Asgard** (skand.)

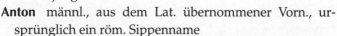

Answald männl., aus dem german. »ans« (Gott) und dem ahd. »waltan« (walten, herrschen); bekannter ist die jüngere Form **Oswald**
Anton männl., aus dem Lat. übernommener Vorn., ursprünglich ein röm. Sippenname
Verbreitung: durch die Verehrung des heiligen Antonius von Padua (12./13. Jh.) auch in Deutschland verbreitet; heute seltener gewählt
Andere Formen: **Toni; Tönnies, Tünnes** (rhein.); **Antonio, Antonello** (italien.); **Anthony** (engl.); **Antoine** (französ.); **Antek** (slaw.); **Antonin** (tschech.)
Bekannte Namensträger: Anton Bruckner, österr. Komponist (1824 bis 1896); Anton Rubinstein, russ. Komponist (1829 bis 1894); Anton Tschechow, russ. Erzähler (1860 bis 1904)
Namenstag: 17. Januar, 13. Juni
Antonia weibl. Form zu Anton
Andere Formen: **Antonie, Antonetta, Nina; Antonietta, Antonella** (italien.); **Antonina** (slaw.); **Antoinette** (französ.)

Apollonia weibl. Form zu Apollonius; durch die Verehrung der heiligen Apollonia im Mittelalter stark verbreitet
Andere Formen: **Apolline, Loni; Polly** (engl.); **Abelone** (dän., norweg.); **Apolka** (ungar.)

Apollonius männl., aus dem Griech. übernommener Vorn., eigentlich »der dem Gott Apollo Geweihte«
Andere Formen: **Apollinarius, Apollinaris**
Namenstag: 18. April

Arabella weibl., aus dem Span. übernommener Vorn., eigentlich »kleine Araberin«
Andere Formen: **Bella; Arabel** (engl.)
Bekannte Namensträger: Arabella Kiesbauer, österr. Fernsehmoderatorin (geb. 1969)

Arbogast männl., aus dem ahd. »arbi« (Erbe) und »gast« (Fremder, Gast)
Andere Formen: **Arbo, Arp, Erb, Eppo** (fries.)

Arabella

Archibald männl., aus dem ahd. »erchan« (echt, rein) und »bald« (kühn)
Andere Formen: **Archimbald**

Areta weibl., angloamerikan. Vorn. griech. Ursprungs, eigentlich »die Vortreffliche«
Andere Formen: **Aretha**
Bekannte Namensträger: Aretha Franklin, amerikan. Soul- und Gospelsängerin (geb. 1942)

Ariadne weibl., aus dem Griech. übernommener Vorn., Bedeutung ungeklärt; in der griech. Mythologie gab Ariadne Theseus ein Garnknäul, damit er aus dem Labyrinth des Minos entkommen konnte
Andere Formen: **Arieta, Arietta; Aria** (niederländ.); **Ariane** (französ.); **Arianna, Ariane** (italien.)

Arista weibl. Form zu Arist, einer Kurzform zu Aristid

Aristid männl., eingedeutschte Form des französ. Vorn. Aristide, eigentlich aus dem griech. »aristos« (Bester, Vornehmster)
Andere Formen: **Arist; Aristides** (griech.)

Arlette weibl., aus dem Französ. übernommener Vorn., wahrscheinlich Koseform eines german. Namens mit dem german. »hari« (Heer)
Andere Formen: **Arlett**

Armin männl., latinisierte Form eines Vorn. mit german. »irmin« (groß); bekannt ist der Cheruskerfürst Arminius, der 9 n. Chr. die Römer schlug

Arne männl., nord. Kurzform eines Vorn. mit dem ahd. »aro« (Adler)

Arnfried männl., aus dem ahd. »aro« (Adler) und »fridu« (Friede)

Arnfrieda weibl. Form zu Arnfried

Arnger männl., aus dem ahd. »aro« (Adler) und »ger« (Speer)

Arno männl., Kurzform zu Arnold und anderen Vorn. mit »Arn-«
Andere Formen: **Arniko** (ungar.)
Bekannte Namensträger: Arno Holz, deutscher Dichter (1863 bis 1929); Arno Schmidt, deutscher Schriftsteller (1914 bis 1980)
Namenstag: 13. Juli

Arnold männl., aus dem ahd. »aro« (Adler) und »waltan« (walten, herrschen)
Verbreitung: durch die Verehrung des heiligen Arnold, Lautenspieler am Hofe Karls des Großen, verbreitet; im 19. Jh. durch die Ritterdichtung und romantische Literatur neu belebt; heute noch verbreitet, aber selten gewählt
Andere Formen: **Arnd, Arno, Arnhold, Nolde; Arnaud** (französ.); **Arild** (dän.); **Arnaldo, Arnoldo** (italien.); **Arniko** (ungar.)
Bekannte Namensträger: Arnold Böcklin, schweiz. Maler (1827 bis 1901); Arnold Zweig, deutscher Schriftsteller (1887 bis 1968)
Namenstag: 18. Juli

Arnolde weibl. Form zu Arnold
Andere Formen: **Arnoldine; Arnika** (ungar.)

Arnulf männl., aus dem ahd. »aro« (Adler) und »wolf« (Wolf); der heilige Arnulf, Bischof von Metz, war der Ahnherr der Arnulfinger und Karolinger
Namenstag: 19. August

Arthur männl., aus dem Engl. übernommener Vorn., der

wahrscheinlich auf den kelt. Britenkönig Artus (um 500) zurückgeht (vielleicht von kelt. »artus« = Bär); König Artus und seine Ritter der Tafelrunde wurden Gestalten eines großen Sagenkreises, der im Mittelalter sehr beliebt war; im 19. Jh. diente Sir Arthur Duke of Wellington als Namensvorbild (er schlug 1815 zusammen mit Blücher Napoleon bei Waterloo)

Andere Formen: **Artus, Artur, Arturo**

Bekannte Namensträger: Arthur Miller, amerikan. Schriftsteller (1915 bis 2005); Arthur Schnitzler, österr. Schriftsteller (1862 bis 1931); Arthur Schopenhauer, deutscher Philosoph (1788 bis 1860)

Arthur

Assunta weibl., aus dem Italien. übernommener Vorn., der sich auf das Fest Mariä Himmelfahrt am 15. August bezieht; eigentlich »die in den Himmel Aufgenommene«

Astrid weibl., aus dem Nord. übernommener Vorn. german. Ursprungs zu »ans« (Gott) und »fridhr« (schön)

Andere Formen: **Asta, Estrid**

Bekannte Namensträger: Astrid Lindgren, schwed. Schriftstellerin (1907 bis 2002)

Athanasius männl., aus dem Griech. übernommener Vorn., eigentlich »der Unsterbliche«

Namenstag: 2. Mai

Attila männl., der Vorn. geht auf den Hunnenkönig Attila zurück; von got. »attila« (Väterchen)
Bekannte Namensträger: Attila Hörbiger, österr. Schauspieler (1896 bis 1987)

Audrey weibl., engl. Form zu Adeltrude
Bekannte Namensträger: Audrey Hepburn, amerikan. Schauspielerin (1929 bis 1993); Audrey Landers, amerikan. Schauspielerin (geb. 1959)

August männl., aus dem Lat. übernommener Vorn., eigentlich »der Erhabene« und ursprünglich ehrender Beiname des röm. Kaisers Gaius Julius Caesar Augustus; ihm zu Ehren wurde der achte Monat des Jahres August genannt
Andere Formen: **Augustin, Gustl; Augustus** (lat.); **Austen** (niederd.); **Austin** (engl.); **Auguste** (französ.); **Augosto, Agasto** (italien.)
Bekannte Namensträger: August der Starke, Kurfürst von Sachsen und König von Polen (1670 bis 1733); August Bebel, Gründer der SPD (1840 bis 1913); August Strindberg, schwed. Schriftsteller (1849 bis 1912); August Macke, deutscher Maler (1887 bis 1914)

Augusta weibl. Form zu August
Verbreitung: die Gattin von Kaiser Wilhelm I. und von Kaiser Wilhelm II. waren Namensvorbild; schließlich war der Vorn. so häufig, dass er als Dienstbotenname abgewertet wurde *Andere Formen:* **Auguste, Augustina, Asta, Austina, Guste, Gustel**
Namenstag: 27. März

Aurelie

Aurelie weibl. Form zu Aurelius
Andere Formen: **Aurelia, Aurea; Aurela, Orella** (bask.); **Oralia, Oriel, Goldy** (engl.); **Aurélie** (französ.); **Auralia** (niederländ.); **Aura, Aurica** (rumän.); **Aranka** (ungar.)

Aurelius männl., aus dem Lat. übernommener Vorn., eigentlich »Mann aus der Aureliersippe« (der Goldene); bekannt wurde der Vorn. durch den röm. Kaiser Mark Aurel, eigentlich Marcus Aurelius Antonius (121 bis 180)
Andere Formen: **Aurel, Aurelian; Aurèle** (französ.); **Zlatko, Zlatan** (slaw.); **Aurelio** (italien.); **Orell** (schweiz.)

Axel männl., schwed. Form zu Absalom, einem hebr. Vorn., eigentlich »Vater des Friedens« *Andere Formen:* **Acke; Aksel** (dän.)
Bekannte Namensträger: Axel Springer, deutscher Zeitungsverleger (1912 bis 1985); Axel Schulz, deutscher Schwergewichtsboxer (geb. 1969)

Gebt euren Kindern schöne Namen,
darin ein Beispiel nachzuahmen,
ein Muster vorzuhalten sei.
Sie werden leichter es vollbringen,
sich guten Namen zu erringen,
denn Gutes wohnt dem Schönen bei.

*Friedrich Rückert,
Erbauliches und Beschauliches
aus dem Morgenlande*

Balduin   männl., aus dem ahd. »bald« (mutig) und »wini« (Freund); Balduin war im Mittelalter Taufname der Grafen zu Flandern
Andere Formen: **Balko, Bauwen; Baldwin** (engl.); **Baudouin** (französ.); **Baldovino** (italien.)

Baldur   männl., aus dem Nord. übernommener Vorn., der auf den altnord. Gott Baldr zurückgeht; in der altnord. Mythologie ist Baldr der Sohn Odins und Gott der Fruchtbarkeit und des Lichts
Andere Formen: **Balder**

Balthasar   männl., aus der Bibel übernommener Vorn. babylonischen Ursprungs, eigentlich »Gott schütze den König!«

Balthasar

Verbreitung: im Mittelalter hierzulande verbreitet; Balthasar ist in der Bibel einer der Heiligen Drei Könige
Andere Formen: **Balzer, Baltus, Baltes; Balte** (niederländ.)
Bekannte Namensträger: Balthasar Neumann, deutscher Baumeister (1687 bis 1753)
Namenstag: 6. Januar

Baptist männl., aus dem Griech. übernommener Vorn., eigentlich »Täufer«, Beiname von Johannes dem Täufer
Verbreitung: seit dem Mittelalter in katholischen Kreisen gewählt und nach Gründung der Religionsgemeinschaft der Baptisten (1618) auch in evangelischen Familien verbreitet; heute selten gewählt
Andere Formen: **Baptiste, Batiste** (französ.); **Battista** (italien.); **Bisch** (schweiz.)
Namenstag: 24. Juni, 29. August

Barbara weibl., aus dem Griech. übernommener Vorn., eigentlich »die Fremde«
Verbreitung: durch die Verehrung der heiligen Barbara, eine der 14 Nothelfer und Patronin der Bergleute, Glöckner und Architekten, seit dem 14. Jh. verbreitet
Andere Formen: **Bärbel, Barberina, Barbi, Barbro, Babs; Babette, Barbe** (französ.); **Basia** (poln.)
Bekannte Namensträger: Barbara Sukowa, deutsche Schauspielerin (geb. 1950); Barbara Rudnik, deutsche Schauspielerin (geb. 1958)
Namenstag: 4. Dezember

Bardolf männl., aus dem ahd. »barta« (Streitaxt) und »wolf« (Wolf)
Andere Formen: **Bardulf**

Barnabas männl., aus der Bibel übernommener Vorn., ei-

gentlich »Sohn der tröstlichen Weissagung«; Barnabas ist der Beiname des Leviten Joseph
Andere Formen: **Barnes, Bas; Barnabe, Barnaby** (engl.); **Barnabé** (französ.); *Namenstag:* 11. Juni

Bartholomäus männl., aus der Bibel übernommener Vorn., eigentlich »Sohn des Tolmai (des Verwegenen)«; in der Bibel ist Bartholomäus ein Jünger von Jesus
Andere Formen: **Barthel, Mewes, Mies; Bartolomeo** (italien., span.); **Bartholomew** (engl.); **Bartholomé** (französ.); **Bartosz** (poln.)
Namenstag: 24. August

Basilius männl., aus dem Griech. übernommener Vorn., eigentlich »der Königliche«; durch die Verehrung des heiligen Basilius, Kirchenlehrer und Erzbischof von Cäsarea (um 330 bis 379), vor allem in Osteuropa verbreitet
Andere Formen: **Basil** (engl.); **Basilio** (italien., span.); **Wassili** (russ.)
Namenstag: 2. Januar

Beate weibl., aus dem Lat. übernommener Vorn., eigentlich »die Glückliche«

Beatrix weibl., aus dem Lat. übernommener Vorn., eigentlich »die Glück Bringende«; früher war der Vorn. in Adelskreisen beliebt, wurde aber nie volkstümlich
Namenstag: 30. Juli

Beda männl., aus dem Engl. übernommener Vorn., der auf den angelsächs. Kirchenlehrer Beda (7./8. Jh.) zurückgeht, Bedeutung ungeklärt; oder ungar. Kurzform zu **Benedikt**

Belinda weibl., aus dem Engl. übernommener Vorn., dessen Herkunft und Bedeutung unklar sind, vielleicht von italien. »bello« (schön); der Vorn. wurde in Deutschland durch die engl. Schauspielerin Belinda Lee (1935 bis 1961) bekannt

Benedikt männl., aus dem Lat. übernommener Vorn., eigentlich »der Gesegnete«
Verbreitung: durch die Verehrung des heiligen Benedikt von Nursia, Abt des benediktinischen Stammklosters Monte Cassino, im Mittelalter weit verbreitet; verschiedene Päpste trugen diesen Namen; heute selten gewählt
Andere Formen: **Benno, Dix, Bendix; Benedetto, Benito** (italien.); **Bengt** (schwed., dän.); **Bennet** (engl.); **Bénédict** (französ.); **Benedicto** (span.); **Benedek, Beda** (ungar.)
Namenstag: 21. März, 11. Juli

Benedikta weibl. Form zu Benedikt
Andere Formen: **Benedicta; Benedetta** (italien.); **Benita** (span.); **Bengta** (schwed., dän.)

Benjamin männl., aus dem Hebr. übernommener Vorn., eigentlich »Sohn der Rechten (glücklichen Hand), Glückssohn«; Benjamin ist in der Bibel der jüngste Sohn von Jakob und Rahel; seit dem 16. Jh. in Deutschland geläufig, aber nicht volkstümlich geworden
Andere Formen: **Bienes** (schwäb.); **Ben** (engl.); **Beno** (slaw.)
Bekannte Namensträger: Benjamin Franklin, amerikan. Physiker und Staatsmann (1706 bis 1790); Benjamin Britten, engl. Komponist (1913 bis 1976)

Berenike weibl., aus dem Griech. übernommener Vorn., eigentlich »die Sieg Bringende«

Berit weibl., dän. und schwed. Form zu Birgit

Bernadette weibl., französ. Verkleinerungsform zu Bernharde

Bernd männl., Nebenform zu Bernhard
Andere Formen: **Bernt, Berend**
Bekannte Namensträger: Bernd Hölzenbein, deutscher Fußballspieler (geb. 1946)

Bernhard männl., aus dem ahd. »bero« (Bär) und »harti« (hart)
Verbreitung: durch die Verehrung des heiligen Bernhard von Clairvaux, Kirchenlehrer und Gründer des Zisterzienserordens (1091 bis 1153), im Mittelalter weit verbreitet; im 19. Jh. wurde der Vorn. durch die Ritterdichtung und romantische Literatur neu belebt und wird auch heute noch gewählt

Bernhard

Andere Formen: **Barnd, Benno, Bero, Bernd, Berno, Berni, Bernhardin; Bernard** (engl., französ.); **Bernardo, Benso** (italien.); **Bernát** (ungar.)
Bekannte Namensträger: Bernhard Grzimek, deutscher Zoologe (1909 bis 1989); Bernhard Langer, deutscher Golfspieler (geb. 1957)
Namenstag: 20. August

Bernharde weibl. Form zu Bernhard
Andere Formen: **Bernharda, Bernhardine, Bernhardina; Bernarda** (engl., französ.)

Berta weibl., Kurzform zu Vorn. mit Bert- oder -berta, zu ahd. »beraht« (glänzend)
Verbreitung: durch die Verehrung der heiligen Berta, Stifterin des Klosters Biburg (12. Jh.), war der Vorn. im Mittelalter vor allem in Bayern verbreitet; im 19. Jh. wurde

Berthold

der Vorn. durch die romantische Literatur volkstümlich und erreichte um 1900 seine weiteste Verbreitung; im Ersten Weltkrieg wurde das Kruppgeschütz »Dicke Berta« genannt, seitdem wird der Vorn. selten gewählt
Andere Formen: **Bertha, Bertita, Berte**
Namenstag: 1. Mai

Berthold   männl., aus dem ahd. »beraht« (glänzend) und »waltan« (walten, herrschen)
Verbreitung: sehr beliebter Vorn. bei den Herzögen von Zähringen, daher starke Verbreitung in Südwestdeutschland; im 19. Jh. durch die Ritterdichtung und romantische Literatur neu belebt; heute selten gewählt
Andere Formen: **Bertolt, Bert, Berti, Bertl, Berto, Barthold, Berchtold**
Bekannte Namensträger: Berthold von Regensburg, deutscher Franziskaner (13. Jh.); Berthold von Henneberg, deutscher Politiker und Erzbischof von Mainz (1442 bis 1504); Berthold Schwarz, angeblich Erfinder des Schießpulvers (14. Jh.); Bertolt Brecht, deutscher Schriftsteller (1898 bis 1956)
Namenstag: 27. Juli

Bertram   männl., aus dem ahd. »beraht« (glänzend) und »hraban« (Rabe); durch die Verehrung des heiligen Bertram, Bischof von Mans (7. Jh.), in Deutschland verbreitet

Bertram

Andere Formen: **Rambert**
Bekannte Namensträger: Meister Bertram, deutscher Maler und Bildschnitzer des 14. Jh.
Namenstag: 30. Juni

Bettina weibl., Nebenform zu Elisabeth
Bekannte Namensträger: Bettina von Arnim, deutsche Schriftstellerin (1785 bis 1859)

Bianca weibl., aus dem Italien. übernommener Vorn., eigentlich »die Weiße«; im 19. Jh. literarisch verbreitet, u. a. in J. v. Eichendorffs »Das Marmorbild«, aber auch schon in Shakespeares »Der Widerspenstigen Zähmung«
Andere Formen: **Bianka, Blanka**

Billfried männl., aus dem ahd. »billi« (Schwert) und »fridu« (Friede)

Billhard männl., aus dem ahd. »billi« (Schwert) und »harti« (hart)

Birger männl., aus dem Nord. übernommener Vorn., eigentlich »der Schützer«

Birgit weibl., schwed. Form zu Brigitte
Andere Formen: **Birgid, Birgitta, Birgitt; Birte, Berit** (dän.); **Berit, Birgitta** (schwed.)
Bekannte Namensträger: Birgit Nilsson, schwed. Sängerin (geb. 1918)
Namenstag: 23. Juli

Björn männl., aus dem Schwed. übernommener Vorn., eigentlich »der Bär«
Andere Formen: **Bjarne** (dän.)
Bekannte Namensträger: Björn Borg, schwed. Tennisspieler (geb. 1956)

Blanche weibl., aus dem Französ. übernommener Vorn., eigentlich »die Weiße«
Andere Formen: **Blanchette**

Blanda weibl., aus dem lat. »blandus« (freundlich)
Andere Formen: **Blandine, Blandina**
Namenstag: 2. Juni

Blasius männl., aus dem Griech. übernommener Vorn. unklarer Bedeutung, vielleicht »der Königliche«
Verbreitung: seit dem Mittelalter durch die Verehrung des heiligen Blasius weit verbreitet, der Patron der Ärzte, Bauarbeiter, Schneider, Schuhmacher und Weber ist und außerdem zu den 14 Nothelfern gehört; heute wird der Vorn. selten gewählt
Andere Formen: **Blaise** (französ.); **Blazek** (slaw.); **Biasio** (italien.); **Blasco** (span.)
Namenstag: 3. Februar

Bodo männl., eigenständige Kurzform zu Vorn. mit »Bodo-« oder »Bode-«
Andere Formen: **Boto, Botho**

Bodomar männl., aus dem ahd. »bodo« (Bote) und »mari« (berühmt)

Bodowin männl., aus dem ahd. »bodo« (Bote) und »wini« (Freund)

Bogislaw männl., aus dem Slaw. übernommener Vorn. zu slaw. »bog« (Gott) und »slava« (Ruhm)
Andere Formen: **Boguslaw; Bohuslav** (tschech.)

Boleslaw männl., aus dem Slaw. übernommener Vorn. zu slaw. »bolee« (mehr) und »slava« (Ruhm)
Andere Formen: **Bolo, Bolko**

Bonifatius männl., aus dem Lat. übernommener Vorn., eigentlich »der gutes Glück Verheißende«; durch die Verehrung des heiligen Bonifatius, Apostel der Deutschen, im Mittelalter weit verbreitet; außerdem trugen mehrere Päpste diesen Namen
Andere Formen: **Bonifazius, Fazius**
Namenstag: 5. Juni

Börge männl., aus dem Nord. übernommener Vorn., Nebenform zu Birger

Boris männl., slaw. Kurzform zu Borislaw, zu slaw. »boru« (Kampf) und »slawa« (Ruhm)
Verbreitung: durch den russ. Schriftsteller Boris Pasternak und seinen Roman »Doktor Schiwago« im deutschsprachigen Raum bekannt geworden und bis heute öfter gewählt
Bekannte Namensträger: Boris Blacher, deutscher Komponist (1903 bis 1975); Boris Becker, deutscher Tennisspieler (geb. 1967)

Brigitte weibl., aus dem Kelt. übernommener Vorn., eigentlich »die Erhabene«

Verbreitung: durch die Verehrung der heiligen Brigitte, Gründerin des Klosters Kildare und Patronin Irlands, schon sehr zeitig in Deutschland verbreitet; zwischen 1930 und 1960 war der Vorn. sehr beliebt; seitdem seltener gewählt
Andere Formen: **Bride, Briddy, Brigitta, Brigida, Britta, Britt, Brit, Gitta, Gitte, Briga; Birgit** (schwed.); **Bridget** (engl.); **Brigitte** (französ.); **Brigida** (lat.)
Bekannte Namensträger: Brigitte Horney, deutsche Schauspielerin (1911 bis 1988); Brigitte Bardot, französ. Filmschauspielerin (geb. 1934)

Bronislaw männl., aus dem Slaw. übernommener Vorn. zu slaw. »bronja« (Brünne, Panzer) und »slava« (Ruhm)

Bronislawa weibl. Form zu Bronislaw
Andere Formen: **Bronia, Bronja**

Bruna weibl. Form zu Bruno

Brunhilde weibl., aus dem ahd. »brunni« (Brustpanzer) und »hiltja« (Kampf); durch die Gestalt der Brunhilde in der Nibelungensage ist der Vorn. bekannt geworden
Andere Formen: **Brunhild, Bruni**

Bruno männl., aus dem ahd. »brun« (braun, der Braune); im übertragenen Sinne ist damit »der Bär« gemeint; der Beiname sollte ursprünglich seinem Träger die Eigenschaften eines Bären zuschreiben
Andere Formen: **Brun; Brown** (engl.); **Brunone** (italien.)
Bekannte Namensträger: Bruno Walter, deutscher Dirigent (1876 bis 1962); Bruno Frank, deutscher Schriftsteller (1887 bis 1945); Bruno Apitz, deutscher Schriftsteller (1900 bis 1979)
Namenstag: 6. Oktober

Brunold männl., aus dem ahd. »brun« (braun, der Braune) und »waltan« (walten, herrschen)

Burghild weibl., aus dem ahd. »burg« (Burg) und »hiltja« (Kampf)
Andere Formen: **Burghilde**

Burkhard männl., aus dem ahd. »burg« (Burg) und »harti« (hart); durch die Verehrung des heiligen Burkhard, Bischof von Würzburg (8. Jh.), war der Vorn. früher besonders in Franken und Schwaben verbreitet
Andere Formen: **Burkart, Burchard, Borchard; Bork, Bosse** (niederd.)
Namenstag: 14. Oktober

Burt männl., aus dem Engl. übernommener Vorn. unklarer Herkunft, eventuell Kurzform zu Burkhard
Bekannte Namensträger: Burt Lancaster, amerikan. Schauspieler (1913 bis 1994)

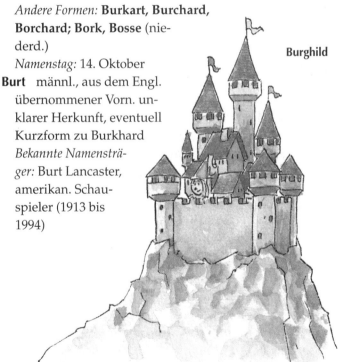

Burghild

Für jeden Menschen
ist sein Name
das schönste und
bedeutungsvollste
Wort in seinem
Sprachschatz.

Dale Carnegie

Cäcilie weibl., aus dem Lat. übernommener Vorn., eigentlich »Frau aus dem Geschlecht der Caecilier«; durch die Verehrung der heiligen Cäcilie, Patronin der Musiker, Sänger und Dichter (3. Jh.), im Mittelalter weit verbreitet; heute selten gewählt
Andere Formen: **Cäcilia, Cecilie, Zäzilie, Zilla, Silje, Cilly, Zilly, Silke; Cicely, Sheila, Sissy** (engl.), **Silja** (finn., schwed.)
Namenstag: 22. November

Candida weibl., aus dem Lat. übernommener Vorn., eigentlich »die Weiße, die Reine«
Andere Formen: **Kandida; Candy** (engl.)

Cara weibl., aus dem Lat. übernommener Vorn., eigentlich »lieb, teuer«, auch zu irisch »caraid« (Freund)
Andere Formen: **Kara**

Carmela weibl., span. Koseform zu Carmen

Carmen weibl., aus dem Span. übernommener Vorn. zu »Virgen del Carmen« (Jungfrau vom Berge Karmel); mit der Jungfrau ist hier die Jungfrau Maria gemeint, deren

Fest am 16. Juli begangen wird; wie Mercedes und Assunta wird Carmen aus religiöser Ehrfurcht stellvertretend für den Vorn. Maria gewählt; Carmen wurde vor allem durch G. Bizets gleichnamige Oper (1875) in Deutschland bekannt
Andere Formen: **Carmina**

Carola weibl., latinisierte Form zu Karla

Carolin weibl., Kurzform zu Carolina, Caroline *Bekannte Namensträger:* Carolin Reiber, Fernsehmoderatorin (geb. 1940)

Carolina/Caroline weibl., Weiterbildung von Carola (dieser Name seinerseits ist die latinisierte Form zu Karla)

•Cara

Andere Formen: **Karolina, Karoline; Caroline** (französ., engl.)

Bekannte Namensträger: Karoline von Schlegel, deutsche Schriftstellerin (1763 bis 1809); Karoline von Günderode, deutsche Schriftstellerin (1780 bis 1806)

Namenstag: 28. und 29. Januar

Charis weibl., aus dem Griech. übernommener Vorn., eigentlich »Anmut, Grazie«

Charlotte weibl., französ. Form zu Karla

Verbreitung: in der zweiten Hälfte des 17. Jh. galt der Vorn. als modern und war weit verbreitet; heute seltener gewählt

Andere Formen: **Lotte, Lola; Charlot** (niederländ.); **Carlotta** (italien.); **Carlota** (span.)

Christa

Bekannte Namensträger: Charlotte von Stein, Freundin und Förderin von J. W. Goethe in Weimar (1742 bis 1827)

Christa weibl., Kurzform zu Christiane; um 1900 kam der Vorn. in Adelskreisen in Mode, dann wurde er durch Zeitungs- und Zeitschriftenromane weit verbreitet
Bekannte Namensträger: Christa Wolf, deutsche Schriftstellerin (geb. 1929)

Christian männl., aus dem Lat. übernommener Vorn. griech. Ursprungs, eigentlich »der Christ«
Andere Formen: **Karsten, Kersten** (niederd.); **Chris** (engl.); **Christer, Kristian** (schwed.), **Kristján** (isländ.)
Bekannte Namensträger: Christian Dietrich Grabbe, deutscher Dramatiker (1801 bis 1836); Hans Christian Andersen, dän. Märchendichter (1805 bis 1875); Christian Morgenstern, deutscher Lyriker (1871 bis 1914); Christian Dior, französ. Modeschöpfer (1905 bis 1957)
Namenstag: 14. Mai, 4. Dezember

Christiane weibl. Form zu Christian
Andere Formen: **Christiana, Christianne, Christa, Christel, Nane, Tina**
Bekannte Namensträger: Christiane Vulpius, Ehegattin von J. W. Goethe (1765 bis 1816); Christiane Herzog (1936 bis 2000), Ehefrau des Bundespräsidenten Roman Herzog; Christiane Hörbiger, österr. Schauspielerin (geb. 1938)

Christin/Kristin weibl., Kurzform zu Christine
Andere Formen: **Kristina** (schwed.); **Kristine** (dän.)

Christina/Christine weibl., Nebenform zu Christiane; bekannt wurde der Vorn. durch die französ. Dichterin Christine de Pisan (um 1365 bis 1432)

Christoph

Andere Formen: **Tina; Kristin, Kerstin, Kirstin, Kirsten, Kristina, Kristine** (skand.); **Chrissy, Chris** (engl.)
Bekannte Namensträger: Christine, Königin von Schweden (1626 bis 1689); Christine Kaufmann, deutsche Schauspielerin (geb. 1945)
Namenstag: 24. Juli

Christoph männl., aus dem Griech. übernommener Vorn., eigentlich »Christusträger«
Verbreitung: der heilige Christophorus soll der Legende nach das Christuskind durch einen Fluss getragen haben; er gehört zu den 14 Nothelfern und ist Patron der Schiffer, Kraftfahrer und Piloten; seit dem Mittelalter weit verbreitet
Andere Formen: **Christof, Stoffel, Toffel; Christophorus** (lat.); **Christopher, Chris** (engl.); **Christophe** (französ.); **Christoforo** (italien.); **Cristobál** (span.); **Christo** (bulgar.); **Krysztof** (slaw.); **Kristoffel** (niederd.)
Bekannte Namensträger: Christoph Kolumbus, span. Seefahrer (1446 bis 1506); Christoph Willibald Ritter von Gluck,

Christoph

Erneuerer der europäischen Oper (1714 bis 1787); Christoph Martin Wieland, deutscher Dichter (1733 bis 1813)
Namenstag: 24. Juli

Christopher männl., Nebenform und engl. Form zu Christoph
Bekannte Namensträger: Christopher Marlowe, engl. Dramatiker (1564 bis 1593)

Chrysanthus männl., aus dem Griech. übernommen, eigentlich »Goldblume«
Andere Formen: **Chrysant, Chrysanth**

Clark männl., aus dem Engl. übernommener Vorn. lat. Ursprungs, eigentlich »der Geistliche«
Andere Formen: **Clarke, Clerk** (engl.)
Bekannte Namensträger: Clark Gable, amerikan. Filmschauspieler (1901 bis 1960)

Claudia weibl. Form zu Claudius; seit dem 18. Jh. durch italien. Einfluss in Deutschland verbreitet
Andere Formen: **Klaudia, Claudiana, Clodia; Claude, Claudinette, Claudette** (französ.)
Bekannte Namensträger: Claudia Cardinale, italien. Filmschauspielerin (geb. 1939); Claudia Leistner, deutsche Eiskunstläuferin (geb. 1965); Claudia Schiffer, deutsches Modell (geb. 1971) *Namenstag:* 18. August

Claudius männl., aus dem Lat. übernommener Vorn., eigentlich »der aus dem Geschlecht der Claudier«; bekannt wurde der Vorn. durch den röm. Kaiser Tiberius Claudius Nero (10 v. Chr. bis 54 n. Chr.)
Andere Formen: **Claudio** (italien.), **Claude** (französ.)

Clemens männl., aus dem Lat. übernommener Vorn., eigentlich »der Milde, der Gnädige«

Andere Formen: **Klemens; Clement** (engl., französ.)
Bekannte Namensträger: Clemens Brentano, deutscher Schriftsteller (1778 bis 1842)
Namenstag: 23. November

Clementia weibl. Form zu Clemens
Andere Formen: **Klementia, Clementine, Klementine**

Cordula weibl., aus dem Lat. übernommener Vorn., eigentlich »Herzchen, Mädchen«
Andere Formen: **Cordelia, Kordula, Cora, Kora**
Namenstag: 22. Oktober

Cornelia weibl. Form zu Cornelius; seit der Renaissance ist der Vorn. in Deutschland verbreitet, auch heute noch ab und zu gewählt
Andere Formen: **Conny, Cornell, Corrie, Nellie, Lia, Nelia, Kornelia; Cornélie** (französ.); **Cornela** (engl.) *Bekannte Namensträger:* Cornelia Froboess, deutsche Sängerin und Schauspielerin (geb. 1943)

Cornelius männl., aus dem Lat. übernommener Vorn., eigentlich »der aus dem Geschlecht der Cornelier«
Andere Formen: **Kornelius, Corell, Cornel, Nils, Niels; Cornelio** (italien., span.)
Namenstag: 16. September

Corona weibl., aus dem Lat. übernommener Vorn., eigentlich »der Kranz«
Andere Formen: **Korona**
Namenstag: 20. Februar

Cosima weibl., aus dem Lat. übernommener Vorn., eigentlich »wohl geordnet, sittlich«
Andere Formen: **Kosima**
Bekannte Namensträger: Cosima Wagner, Ehegattin von Richard Wagner (1837 bis 1930)

Cynthia weibl., aus dem Griech. übernommener Vorn., eigentlich »die vom Berge Cynthos Stammende«; Cynthia ist auch der Beiname der griech. Jagdgöttin Artemis
Andere Formen: **Cinzia** (italien.); **Cintia** (ungar.)

Ihr sucht die Menschen
zu benennen
und glaubt am Namen
sie zu kennen.
Wer tiefer sieht, gesteht sich frei,
es ist was Anonymes dabei.

*Johann Wolfgang Goethe,
Sprichwörtlich*

Dagmar weibl., um 1900 aus dem Dän. übernommener Vorn., wahrscheinlich Umformung zu slaw. Dragomira, aus altslaw. »Dragi« (lieb) und »mir« (Friede); der Vorn. wurde bei uns durch die skand. Literatur eingebürgert und wird auch heute noch öfter gewählt
Andere Formen: **Dagny** (skand.); **Dragomira** (slaw.) *Bekannte Namensträger:* Dagmar Berghoff, deutsche Fernsehmoderatorin (geb. 1943)

Dagobert männl., aus dem ahd. »dag« (Tag) oder dem kelt. »dago« (gut) und dem ahd. »beraht« (glänzend); der Vorn. wurde durch die Merowinger und ihre Könige bekannt; im Mittelalter kam der Name aus der Mode und wurde erst im 19. Jh. neu belebt; Walt Disneys Trickfilmfigur Dagobert Duck machte den Vorn. weltberühmt

Daisy weibl., aus dem Engl. übernommener Vorn., eigentlich »Gänseblümchen«

Dalila weibl., aus der Bibel übernommener Vorn. hebr. Ursprungs, eigentlich »die Wellenlockige« oder »die

Damaris

Schmachtende« oder »klein, gering«; in der Bibel ist Dalila die Geliebte von Samson, entlockt ihm das Geheimnis seiner Kraft und liefert ihn seinen Feinden aus
Andere Formen: **Delila, Delilah**

Damaris weibl., aus dem Griech. übernommener Vorn., eigentlich »Gattin, Geliebte«

Daniel männl., aus der Bibel übernommener Vorn. hebr. Ursprungs, eigentlich »Gott ist mein Richter«, Name eines alttestamentlichen Propheten
Verbreitung: der Vorn. war schon sehr zeitig in Deutschland verbreitet und erfreut sich heute noch großer Beliebtheit
Andere Formen: **Dan, Dano; Daniel** (französ.); **Daniel, Danny** (engl.); **Danilo** (russ.); **Dános** (ungar.)
Bekannte Namensträger: Daniel Chodowiecki, deutscher Kupferstecher, Zeichner und Maler (1726 bis 1801); Daniel Defoe, engl. Schriftsteller (1660 bis 1731)
Namenstag: 21. Juli

Daniela weibl. Form zu Daniel
Verbreitung: um 1900 durch Zeitungs- und Zeitschriftenromane bekannt geworden
Andere Formen: **Danielle, Dany** (französ.); **Daniella** (italien.); **Danniebelle** (amerikan.); **Dana, Dania** (slaw.); **Danuta** (poln.)
Namenstag: 21. Juli

Dankmar männl., aus dem ahd. »dank« (Gedanke) und »mari« (berühmt)
Andere Formen: **Dammo, Thankmar**

Dankwart männl., aus dem ahd. »dank« (Gedanke) und »wart« (Hüter); bekannt wurde der Vorn. durch die

Gestalt des Dankwart (Hagens Bruder) im Nibelungenlied
Andere Formen: **Danko, Tanko**
Danuta weibl., poln. Form zu Daniela
Daphne weibl., aus dem Griech. übernommener Vorn., eigentlich »Lorbeerbaum«; in der griech. Mythologie wird Daphne von Apollo verfolgt, sodass sie auf ihren Wunsch hin von den Göttern in einen Lorbeerbaum verwandelt wird
Andere Formen: **Dafne, Daphna**
Bekannte Namensträger: Daphne du Maurier, engl. Schriftstellerin (1907 bis 1989)
Daria weibl. Form zu Darius; durch die Verehrung der heiligen Daria, die zusammen mit Chrysanthus in Rom ermordet wurde, im Mittelalter bekannt geworden; heute nur selten gewählt
Andere Formen: **Darja** (russ.) *Namenstag:* 25. Oktober
Darius männl., aus dem Lat. übernommener Vorn., eigentlich »Bezwinger«, Name mehrerer pers. Könige
Andere Formen: **Dario** (italien.)
Bekannte Namensträger: Darius Milhaud, französ. Komponist (1892 bis 1974)
David männl., aus der Bibel übernommener Vorn. hebr. Ursprungs, eigentlich »der Geliebte, der Liebende«; in der Bibel ist König David der Besieger des Riesen Goliath und Gründer des jüdischen Staates
Verbreitung: seit dem späten Mittelalter in Deutschland verbreitet
Andere Formen: **Davide** (italien.); **Davy, Dave** (engl.); **Daoud** (arab.)

Davida

Bekannte Namensträger: David Hume, engl. Philosoph und Historiker (1711 bis 1776); David Livingstone, engl. Forschungsreisender (1813 bis 1873); Caspar David Friedrich, deutscher Maler (1774 bis 1840); David Oistrach, russ. Violinvirtuose (1908 bis 1974); David Ben Gurion, israel. Staatsmann (1886 bis 1973); David Bowie, engl. Schauspieler und Rockmusiker (geb. 1948)
Namenstag: 29. Dezember

Davida weibl. Form zu David
Andere Formen: **Davina** (engl.); **Davide, Davita** (niederländ.)

Deborah weibl., aus der Bibel übernommener Vorn. hebr. Ursprungs, eigentlich »Biene« (die Fleißige); nach der Bibel war Deborah eine Richterin und Prophetin Israels
Andere Formen: **Debora**
Bekannte Namensträger: Deborah Kerr, amerikan. Filmschauspielerin (geb. 1921)

Degenhard männl., aus dem ahd. »degan« (junger Krieger) und »harti« (hart)

Delia weibl., aus dem Griech. übernommener Vorn., eigentlich »die von der Insel Delos stammende«; Beiname der griech. Göttin Artemis
Andere Formen: **Delila**

Demetrius männl., aus dem Griech. übernommener Vorn., eigentlich »der Erdgöttin Demeter geweiht«; als Name des jüngsten Sohnes von Iwan dem Schrecklichen bekannt geworden und vor allem im slaw. Raum weit verbreitet
Andere Formen: **Dimitri** (russ.); **Mitja** (slaw.); Mitsos (griech.)

Dennis männl., engl. Form zu Dionysius
Bekannte Namensträger: Dennis Hopper, amerikan. Schauspieler und Regisseur (geb. 1936); Dennis Russel Davis, amerikan. Dirigent (geb. 1944)
Namenstag: 9. Oktober

Desidera weibl. Form zu Desiderius
Andere Formen: **Désirée** (französ.)

Desiderius männl., aus dem Lat. übernommener Vorn., ei-

Daisy und Deborah

Désirée

gentlich »der Ersehnte«; der letzte Langobardenkönig trug diesen Namen (8. Jh.)
Andere Formen: **Didier, Désiré** (französ.); **Desiderio** (italien.)

Désirée weibl., französ. Form zu Desidera *Bekannte Namensträger:* Désirée Nosbusch, luxemburg. Schauspielerin und Fernsehmoderatorin (geb. 1965)

Detlef männl., niederd. Form des heute nicht mehr gebräuchlichen Vorn. Dietleib, eigentlich »Erbe des Volkes«
Andere Formen: **Detlev, Delf, Tjalf, Tjade; Detlof** (schwed.)

Diana weibl., aus dem Lat. übernommener Vorn., der auf die röm. Jagdgöttin zurückzuführen ist, wahrscheinlich vom lat. »diviana« (die Göttin); seit der Renaissance in Deutschland verbreitet, vor allem durch A. Dumas' d. J. Roman »Diane de Lys« (1856), in neuerer Zeit durch die engl. Kronprinzessin Diana (1961 bis 1997)

Diana

Andere Formen: **Diane; Dianne** (französ.)

Dietbert männl., aus dem ahd. »diot« (Volk) und »beraht« (glänzend)

Dieter männl., neue Form zu Diether, aus dem ahd. »diot« (Volk) und »heri« (Heer) oder Kurzform zu Dietrich; seit dem Mittelalter durch das Nibelungenlied weit verbreitet

und auch heute noch öfter gewählt
Bekannte Namensträger:
Dieter Borsche, deutscher Schauspieler (1909 bis 1982); Dieter Hildebrandt, deutscher Kabarettist (geb. 1927); Dieter Hoeneß, deutscher Fußballspieler und Vereinsmanager (geb. 1953)

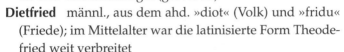

Dietfried männl., aus dem ahd. »diot« (Volk) und »fridu« (Friede); im Mittelalter war die latinisierte Form Theodefried weit verbreitet

Dietgard weibl., aus dem ahd. »diot« (Volk) und »gard« (Schutz)

Diethard männl., aus dem ahd. »diot« (Volk) und »harti« (hart)

Diethelm männl., aus dem ahd. »diot« (Volk) und »helm« (Helm, Schutz)

Diethild weibl., aus dem ahd. »diot« (Volk) und »hiltja« (Kampf)

Dietlind weibl., aus dem ahd. »diot« (Volk) und »linta« (Schutzschild aus Lindenholz)
Andere Formen: **Dietlinde, Dietlindis**

Dietmar männl., aus dem ahd. »diot« (Volk) und »mari« (berühmt); der Vorn. war im Mittelalter vor allem in der latinisierten Form Theodemar weit verbreitet
Andere Formen: **Dimo, Diemo, Timmo, Thiemo, Thietmar, Dittmer, Dittmar; Detmar** (niederd.)
Bekannte Namensträger: Dietmar Mögenburg, deutscher Hochspringer (geb. 1961)

Dietmut weibl., aus dem ahd. »diot« (Volk) und »muot« (Sinn, Geist)
Andere Formen: **Dietmute, Diemut; Demeke** (niederd.)

Dietrich männl., aus dem ahd. »diot« (Volk) und »rihhi« (reich, mächtig)
Verbreitung: in der älteren Form »Theoderich« war der Vorn. bereits im 13./14. Jh. sehr weit verbreitet; im 19. Jh. wurde der Name durch die romantische Literatur neu belebt, wird aber heute nur noch selten gewählt
Andere Formen: **Diedrich, Dieter, Dieterik, Dirk, Diede, Didi, Tilo, Tillmann, Till; Derk, Derek, Derik, Dietz, Deddo, Teetje, Tido, Tide** (fries.); **Derrick** (engl.)
Bekannte Namensträger: Dietrich Fischer-Dieskau, deutscher Sänger (geb. 1925); Dietrich Bonhoeffer, deutscher Theologe (1906 bis 1945)
Namenstag: 2. Februar

Dietrun weibl., aus dem ahd. »diot« (Volk) und »runa« (Geheimnis)

Dina weibl., Kurzform zu Vorn. mit »-dina«, »-tina«, »-dine« oder »-tine« oder aus dem Hebr. übernommener Vorn., eigentlich »eine, der zu Recht verholfen wurde« (Dina ist in der Bibel eine Tochter von Jakob)

Dionysius männl., aus dem Griech. übernommener Vorn., eigentlich »der dem Gott Dionysos Geweihte«; durch die Verehrung des heiligen Dionysius, erster Bischof von Pa-

ris und einer der 14 Nothelfer, war der Vorn. im Mittelalter verbreitet
Andere Formen: **Nies, Nis, Dionys, Dinnies, Dion, Dins; Dénis** (französ.); **Dennis** (engl.); **Diwis** (tschech.); **Denes** (ungar.)
Namenstag: 9. Oktober

Dirk   männl., Kurzform zu Dietrich
Andere Formen: **Dierk** *Bekannte Namensträger:* Dirk Bach, deutscher Schauspieler und Komiker (geb. 1961)

Dolores   weibl., aus dem Span. übernommener Vorn. zu »Maria de los Dolores« (Maria der Schmerzen); aus religiöser Ehrfurcht wurde Dolores stellvertretend für Maria als Taufname vergeben (vergleiche auch Carmen und Mercedes)
Andere Formen: **Lola**

Dominik   männl., Kurzform zu Dominikus
Namenstag: 8. August

Dominika   weibl. Form zu Dominikus
Andere Formen: **Domenica** (italien.); **Doma** (slaw.); **Dominique** (französ.)
Namenstag: 5. August

Dominikus   männl., aus dem Lat. übernommener Vorn., eigentlich »dem Herrn gehörend«; der Spanier Dominikus Guzman gründete 1215 den Dominikanerorden; seitdem wurde er oft zum Namensvorbild genommen, auch heute noch gilt der Vorn. als modern
Andere Formen: **Dominik; Dominique** (französ.); **Domingo** (span.); **Domenico** (italien.); **Dominic** (engl.); **Doman, Domos** (ungar.)
Namenstag: 8. August

Donald männl., engl. Vorn. mit kelt. Ursprung, eigentlich »Weltherrscher«; als Vorn. von schott. Königen geläufig; weltbekannt wurde dieser Vorn. durch die Disneyfigur »Donald Duck«
Bekannte Namensträger: Donald Sutherland, kanad. Schauspieler (geb. 1934)

Donata weibl. Form zu Donatus
Andere Formen: **Donatella** (italien.); **Donatienne** (französ.); **Dota, Donka** (bulgar.)

Donatus männl., aus dem Lat. übernommener Vorn., eigentlich »Geschenk (Gottes)«; durch die Verehrung des heiligen Donatus seit dem 17. Jh. in Deutschland verbreitet; der italien. Bildhauer Donatello hieß eigentlich Donato di Niccolo di Betto (1386 bis 1466)
Andere Formen: **Donet** (engl.); **Donat, Donatien** (französ.); **Donato** (span., italien.); **Dote, Doto** (bulgar.)
Namenstag: 30. Juni, 7. August

Dora weibl., Kurzform zu Dorothea und Theodora
Andere Formen: **Doro, Dorel, Dorika**

Dorian männl., engl. Vorn., der auf eine griech. Herkunftsbezeichnung zurückgeht, eigentlich »der Dorer«; bekannt wurde der Vorn. durch Wildes Roman »Das Bildnis des Dorian Gray« (deutsch 1901)
Andere Formen: **Doriano** (italien.)

Doris weibl., Kurzform zu Dorothea
Andere Formen: **Doriet, Dorit**
Bekannte Namensträger: Doris Day, amerikan. Schauspielerin (geb. 1924); Doris Dörrie, deutsche Filmregisseurin (geb. 1955)

Dorothea weibl., aus dem Griech. übernommener Vorn.,

eigentlich »Gottesgeschenk«; Dorothea ist gleichbedeutend mit Theodora
Andere Formen: **Dodo, Dora, Dorinda, Dorina, Doris, Thea, Dörte; Dorothy, Dolly, Doreen** (engl.); **Dorothée, Dorette** (französ.); **Dorota** (poln., tschech.); **Dorotea** (span., italien.)
Bekannte Namensträger: Dorothea Schlegel, Tochter von M. Mendelssohn und Ehegattin von Friedrich Schlegel (1763 bis 1839)
Namenstag: 6. Februar, 25. Juni

Douglas männl., engl. Vorn. mit kelt. Ursprung, eigentlich »dunkelblau«; auch ein schott. Fluss- und Familienname

Dunja weibl., aus dem Slaw. übernommener Vorn. griech. Ursprungs, eigentlich »die Hochgeschätzte«; der Vorn. wurde durch die jugoslaw. Sängerin Dunja Rajter bei uns bekannt

Dorothea

Nomen atque omen.
(Der Name ist
zugleich Vorbedeutung.)
Plautus

Ebergard weibl., aus dem ahd. »ebur« (Eber) und »gard« (Hort, Schutz)

Eberhard männl., aus dem ahd. »ebur« (Eber) und »harti« (hart)

Verbreitung: seit dem Mittelalter bekannt; um 1900 durch Zeitungs- und Zeitschriftenromane neu belebt und bis heute verbreitet, wenn auch selten gewählt

Andere Formen: **Eber, Ebert, Ebbo, Everhard; Jori, Jorrit** (fries.)

Bekannte Namensträger: Eberhard Diepgen, deutscher Po-

litiker (geb. 1941); Eberhard Gienger, deutscher Kunstturnweltmeister (geb. 1951)
Namenstag: 22. Juni

Eberharde weibl. Form zu Eberhard
Andere Formen: **Eberharda, Eberhardine, Eberta**

Eckbert männl., aus dem ahd. »ecka« (Speerspitze) und »beraht« (glänzend)
Andere Formen: **Eckbrecht, Egbert, Egbrecht**

Eckehard männl., aus dem ahd. »ecka« (Speerspitze) und »harti« (hart)
Verbreitung: seit dem Mittelalter durch die Sagengestalt des treuen Eckehard bekannt; in der zweiten Hälfte des 19. Jh. war der Vorn. in Adelskreisen besonders beliebt; heute ist der Name noch verbreitet, wird aber selten gewählt
Andere Formen: **Eckhard, Ekkhard, Eckart, Ecke; Edzard, Eggert, Edsart, Edsert** (fries.)

Edelgard weibl., Nebenform zu Adalgard, zu ahd. »adal« (edel, vornehm) und »gard« (Hort, Schutz)
Andere Formen: **Edelgart; Ethelgard** (engl.)

Edeltraud weibl., Nebenform zu Adeltraud

Eberhard

Edgar männl., aus dem altengl. »ead« (Besitz) und »gar« (Speer)
Verbreitung: der Vorn. wurde in Deutschland im 19. Jh. durch Shakespeares »König Lear« bekannt und war in Adelskreisen beliebt; heute selten gewählt
Andere Formen: **Edgardo** (italien.)
Bekannte Namensträger: Edgar Allan Poe, amerikan. Schriftsteller (1809 bis 1849); Edgar Degas, französ. Maler (1834 bis 1917)
Namenstag: 8. Juli

Edith weibl., aus dem Engl. übernommener Vorn. zu altengl. »ead« (Besitz) und »gyth« (Kampf)
Verbreitung: durch die Ehegattin von Otto dem Großen nach Deutschland gebracht, aber erst im 19. Jh. stärker verbreitet, heute selten gewählt
Andere Formen: **Editha, Edda, Dita; Edyth** (engl.)
Bekannte Namensträger: Edith Piaf, französ. Chansonsängerin (1915 bis 1963); Edith Stein, deutsche Philosophin (1891 bis 1942)
Namenstag: 16. September

Edmund männl., aus dem Engl. übernommener Vorn. zu altengl. »ead« (Besitz) und »mund« (Schutz); der Vorn. wurde im 19. Jh. in Deutschland bekannt und zunächst von Adelskreisen bevorzugt; heute wird der Name aber selten gewählt
Andere Formen: **Edmond** (engl., französ.); **Edmondo** (italien.) *Bekannte Namensträger:* Edmund Stoiber, deutscher Politiker (geb. 1941)

Edna weibl., aus dem Hebr. übernommener Vorn., eigentlich »Lust, Entzücken« *Andere Formen:* **Adna**

Bekannte Namensträger: Edna Ferber, amerikan. Schriftstellerin (1887 bis 1968)

Eduard männl., ursprünglich französ. Form zu Edward, aus dem altengl. »ead« (besitz) und »weard« (Hüter)
Verbreitung: der Vorn. wurde im 18. Jh. durch die Gestalt des Édouard in Rousseaus Roman »Julie oder die neue Heloise« in Deutschland bekannt, heute selten gewählt
Andere Formen: **Ed, Ede; Eddy, Edward** (engl.); **Édouard** (französ.); **Edvard** (norweg., schwed.); **Edoardo** (italien.); **Duarte** (portug.)
Bekannte Namensträger: Eduard von Hartmann, deutscher Philosoph (1842 bis 1906); Eduard Mörike, deutscher Schriftsteller (1804 bis 1875); Eduard Künneke, deutscher Operettenkomponist (1885 bis 1963); Eduard Schewardnadse, georgischer Politiker (geb. 1928)
Namenstag: 13. Oktober

Egmund männl., jüngere Nebenform zu Agimund aus dem ahd. »agel« (Schwertspitze) und »munt« (Schutz der Unmündigen)
Andere Formen: **Egmont** (niederd., niederländ.)

Ehrenfried männl., pietistische Neubildung, eigentlich »Ehre den Frieden!«, oder Nebenform zu Arnfried

Eike männl., fries. Kurzform zu Vorn. mit »Eck-« oder »Eg-«; weibl., Kurzform zu Vorn. mit »Eck«; oder »Eg«; eindeutiger Zweitname erforderlich

Eitel männl., der Vorn. war früher nur in Verbindung mit einem anderen Namen sinnvoll, denn er drückte aus, dass der Namensträger »nur einen« Vorn. hat; heute ist er auch als einziger Vorn. anerkannt, aber sehr selten
Andere Formen: **Eitelfritz, Eiteljörg, Eitelwolf**

Eleonore weibl., aus dem Arab. übernommener Vorn., eigentlich »Gott ist mein Licht«
Verbreitung: mit den Mauren kam der Vorn. nach Spanien und gelangte über Frankreich nach England; durch Shakespeares Werke wurde der Name in Deutschland bekannt und durch Beethovens »Leonoren-Ouvertüren« verbreitet; heute wird der Vorn. seltener gewählt
Andere Formen: **Eleonora, Ella, Elli, Leonore, Lora; Eleanor, Elly, Ellinor, Ellen** (engl.); **Elna** (skand.); **Eléonore** (französ.); **Nora** (italien.)
Bekannte Namensträger: Eleonora Duse, italien. Schauspielerin (1858 bis 1924)

Elfgard weibl., aus dem ahd. »alb« (Elfe, Naturgeist) und »gard« (Schutz)

Elfriede weibl. Form zu Alfred; der Vorn. galt um 1900 als modern, heute nur selten gewählt
Andere Formen: **Effi, Elfi, Elfe, Frieda; Elfreda** (engl.)
Bekannte Namensträger: Elfriede Jelinek, österr. Schriftstellerin und Nobelpreisträgerin (geb. 1946)
Namenstag: 20. Mai

Elga weibl., Herkunft und Bedeutung unklar, wahrscheinlich Kurzform zu Helga; bekannt wurde der Vorn. durch Grillparzers Novelle »Das Kloster von Sendomir« (1828)
Andere Formen: **Elgin, Elgine**

Eliane weibl. Form zu Elias

Elisabeth

Elias männl., aus der Bibel übernommener Vorn. hebr. Ursprungs, eigentlich »mein Gott ist Jahwe«
Verbreitung: der Name des Propheten Elias ist seit dem Mittelalter gebräuchlich; um 1900 wurde der Vorn. vorwiegend von jüdischen Familien bevorzugt; gegenwärtig wird er selten gewählt
Andere Formen: **Elia; Ellis** (engl.); **Elie** (französ.); **Eliano** (italien.); **Ilja** (russ.)
Bekannte Namensträger: Elias Holl, deutscher Baumeister (1573 bis 1646)

Eligius männl., aus dem Lat. übernommener Vorn., eigentlich »der Erwählte«; durch die Verehrung des Heiligen Eligius, Schirmherr der Schmiede und Goldarbeiter (um 590 bis 660), wurde der Name in Deutschland verbreitet
Andere Formen: **Eloi** (französ.); **Eloy** (span.)

Elisabeth weibl., aus der Bibel übernommener Vorn., eigentlich »Gottesverehrerin«; nach der Bibel ist Elisabeth die Mutter von Johannes dem Täufer
Verbreitung: durch die Verehrung der heiligen Elisabeth von Thüringen wurde der Vorn. im Mittelalter geläufig und war dann beim Hochadel sehr beliebt; heute ist der Vorn., vor allem in seinen vielen Kurz- und Nebenformen, sehr weit verbreitet

Andere Formen: **Elisa, Elsbeth, Ella, Elli, Else, Elsa, Elsabe, Elsbe, Elsie, Ilsa, Ilse, Li, Lis, Lies, Lisbeth, Liesa, Lisa, Liese, Lise, Libeth, Liesel, Bettina, Betty, Bele; Alice, Babette, Lisette** (französ.); **Alice, Elly, Elsy, Elizabeth, Bess, Betsy, Lissy, Lilly** (engl.); **Telsa** (fries.); **Sissy** (österr.); **Elisabetta** (italien.); **Isabel** (portug., span.)

Bekannte Namensträger: Elisabeth I., Königin von England (1533 bis 1603); Elisabeth Langgässer, deutsche Schriftstellerin (1899 bis 1950); Elisabeth Bergner, österr. Filmschauspielerin (1897 bis 1986)

Namenstag: 19. November

Elke weibl., fries. Form zu Adelheid; durch die Gestalt der Elke Haien in Storms Novelle »Der Schimmelreiter« (1888) wurde der Vorn. bekannt und wird auch heute noch öfter gewählt

Andere Formen: **Elka, Elleke, Eilke**

Bekannte Namensträger: Elke Heidenreich, deutsche Schriftstellerin und Journalistin (geb. 1943)

Ellen weibl., engl. Kurzform zu Eleonore oder Helene

Bekannte Namensträger: Ellen Kessler, deutsche Schauspielerin, Tänzerin und Sängerin (geb. 1936)

Elmira weibl., aus dem Span. übernommener Vorn. arab. Ursprungs, eigentlich »die Fürstin«

Elvira weibl., span. Form zu Alwara; bekannt ist die Gestalt der Elvira in Mozarts Oper »Don Giovanni«

Emerentia weibl., aus dem Lat. übernommener Vorn., eigentlich »die Würdige«

Andere Formen: **Emerenz, Emerentiana, Meret, Merta**

Namenstag: 23. Januar

Emil männl., aus dem Französ. übernommener Vorn. lat. Ursprungs, Nebenform zu Aemilius (röm. Sippenname)
Verbreitung: der Vorn. kam im 18. Jh. durch Rousseaus Roman »Émile oder über die Erziehung« nach Deutschland und war Ende des 19. Jh. sehr beliebt; heute wird der Vorn. aber nur noch selten gewählt
Andere Formen: **Émile** (französ.); **Emilio** (italien., span.); **Mile, Milko** (slaw.)
Bekannte Namensträger: Emil von Behring, deutscher Bakteriologe (1854 bis 1917); Emil Nolde, deutscher Maler (1867 bis 1956); Emil Jannings, schweiz. Schauspieler (1884 bis 1950); Emil Steinberger, schweiz. Kabarettist (geb. 1933)
Emilie weibl. Form zu Emil, im 18. Jh. aufgekommen
Andere Formen: **Émilie** (französ.); **Emily** (engl.); **Mila** (slaw.)
Engelberga weibl., aus dem Stammesnamen der »Angeln« und dem ahd. »bergan« (bergen, schützen)
Engelbert männl., aus dem Stammesnamen der »Angeln« und dem ahd. »beraht« (glänzend); heute meist als »glänzender Engel« gedeutet
Andere Formen: **Engelbrecht**
Bekannte Namensträger: Engelbert Humperdinck, deutscher Komponist (1854 bis 1921), nicht zu verwechseln mit den gleichnamigen englischen Schlagerstar
Namenstag: 7. November
Engelberta weibl. Form zu Engelbert
Engelfried männl., aus dem Stammesnamen der »Angeln« und dem ahd. »fridu« (Friede)

Engelhard männl., aus dem Stammesnamen der »Angeln« und dem ahd. »harti« (hart)

Engelmar männl., aus dem Stammesnamen der »Angeln« und dem ahd. »mari« (berühmt)

Ephraim männl., aus der Bibel übernommener Vorn. hebr. Ursprungs, eigentlich »doppelt fruchtbar«; in der Bibel ist Ephraim der zweite Sohn von Joseph
Bekannte Namensträger: Gotthold Ephraim Lessing, deutscher Schriftsteller (1729 bis 1781); Ephraim Kishon, israel. Schriftsteller (1924 bis 2005)

Erasmus männl., aus dem Griech. übernommener Vorn., eigentlich »der Begehrenswerte«
Verbreitung: durch die Verehrung des heiligen Erasmus, der zu den 14 Nothelfern gehört und Patron der Drechsler und Schiffer ist, war der Vorn. im Mittelalter verbreitet; heute selten gewählt
Andere Formen: **Asmus, Rasmus; Erasme** (französ.); **Erasmo, Elmo** (italien.)
Bekannte Namensträger: Erasmus von Rotterdam, niederländ. Humanist (1465 bis 1536)
Namenstag: 2. Juni

Erhard männl., aus dem ahd. »era« (Ehre, Ansehen) und »harti« (hart); durch die Verehrung des heiligen Ehrhard, Bischof von Regensburg und Patron gegen Tierseuchen und die Pest (8. Jh.), war der Vorn. im Mittelalter verbreitet
Andere Formen: **Erhart, Ehrhard**
Bekannte Namensträger: Erhard Keller, deutscher Eisschnellläufer (geb. 1944); Erhard Eppler, deutscher Politiker und Friedensforscher (geb. 1926)
Namenstag: 8. Januar

Erich männl., aus dem Nord. übernommen, zu ahd. »era« (Ehre) und »rihhi« (reich, mächtig)
Verbreitung: seit dem Mittelalter ist der Vorn. gebräuchlich; im 19. Jh. durch die Ritter- und Räuberliteratur neu belebt; heute nur selten gewählt
Andere Formen: **Eirik** (norweg.); **Eric** (engl.)
Bekannte Namensträger: Erich Kästner, deutscher Schriftsteller (1899 bis 1974); Erich Maria Remarque, deutschamerikan. Schriftsteller (1898 bis 1970); Erich Kühnhackl, deutscher Eishockeyspieler (geb. 1950)
Namenstag: 18. Mai, 10. Juli

Erik männl., dän. und schwed. Form zu Erich

Erland männl., aus dem Nord. übernommen, zu ahd. »erl« (Edelmann) und »nant« (kühn) oder aus dem Altengl., eigentlich »Land des Edelmanns«
Andere Formen: **Arland**

Ernestine weibl. Form zu Ernst
Andere Formen: **Ernestina, Ernesta, Erna; Stine** (fries.)

Erland

Ernst männl., aus dem ahd. »ernust« (Ernst, Entschlossenheit zum Kampf)
Verbreitung: der Vorn. wurde im Mittelalter durch die Legenden um Ernst, Herzog von Schwaben, bekannt; der Vorn. war in Verbindung mit August beim Adel sehr beliebt; heute wird der Name seltener gewählt
Andere Formen: **Ernest** (französ., engl.); **Ernestus** (lat.); **Ernestino, Ernesto** (span., italien.); **Ernö** (ungar.); **Arnošt** (tschech.)
Bekannte Namensträger: Ernst Barlach, deutscher Bildhauer (1870 bis 1938); Ernst Heinkel, deutscher Flugzeugkonstrukteur (1888 bis 1958); Ernst Reuter, deutscher Politiker (1889 bis 1953); Ernst Rowohlt, deutscher Verleger (1878 bis 1960); Ernst Bloch, deutscher Philosoph (1885 bis 1977)
Namenstag: 7. November

Erwin männl., aus dem ahd. »heri« (Heer, Kriegsvolk) und »wini« (Freund)
Verbreitung: seit dem Mittelalter gebräuchlicher Vorn., vor allem beim Adel; um 1900 durch Zeitungs- und Zeitschriftenromane verbreitet; heute selten gewählt
Andere Formen: **Irwin** (engl.)
Bekannte Namensträger: Erwin von Steinbach, Baumeister des Straßburger Münsters (1244 bis 1318); Erwin Strittmatter, deutscher Schriftsteller (1912 bis 1994)
Namenstag: 25. April

Estella

Esmeralda weibl., aus dem Span. übernommener Vorn., eigentlich »der Smaragd«

Estella weibl., aus dem Span. übernommener Vorn., eigentlich »Stern«; bekannter ist die Kurzform Stella

Esther weibl., aus der Bibel übernommener Vorn. pers. Ursprungs, eigentlich »Stern« oder hebr. »junge Frau«; in der Bibel ist sie die Gattin von Xerxes I. und verhindert die Ausrottung der Juden in Persien
Andere Formen: **Ester; Hester** (engl., niederländ.)
Namenstag: 24. Mai

Etzel männl., aus dem Got. übernommener Vorn., eigentlich »Väterchen«; als eingedeutschter Name des Hunnenkönigs Attila (5. Jh.) aus dem Nibelungenlied bekannt

Eugen männl., aus dem Griech. übernommener Vorn., eigentlich »der Wohlgeborene«; seit dem Mittelalter als Papstname bekannt, aber erst im 18. Jh. durch den Prinz Eugen von Savoyen, österr. Feldmarschall und Staatsmann, allgemein bekannt geworden; im 19. Jh. trug Tschaikowskis Oper »Eugen Onegin« zur Verbreitung des Vorn. bei; heute selten gewählt
Andere Formen: **Eugène** (französ.); **Eugenio** (italien., span.); **Gene, Geno** (engl.); **Geno** (bulgar.) **Jenö** (ungar.)
Bekannte Namensträger: Eugen Roth, deutscher Schriftsteller (1895 bis 1976); Eugen Kogon, deutscher Publizist und Politologe (1903 bis 1987)
Namenstag: 2. Juni

Eugenie weibl. Form zu Eugen; der Vorn. wurde durch die Gattin von Napoleon III. bekannt, aber selten gewählt
Andere Formen: **Gena** (bulgar.), **Jeni** (rumän.)

Eulalia weibl., aus dem Griech. übernommener Vorn., eigentlich »die Beredte«
Andere Formen: **Eulalie, Lalli**
Namenstag: 10. Dezember

Eva weibl., aus der Bibel übernommener Vorn., eigentlich »die Leben Spendende«
Verbreitung: als Name der Urmutter der Menschen seit dem Mittelalter verbreitet, seit der Reformation volkstümlich geworden; bis heute weit verbreitet und öfter gewählt
Andere Formen: **Evamaria, Ev, Evi, Ewa; Evita** (span.); **Ève** (französ.), **Eve** (engl.)

Eva

Bekannte Namensträger: Eva Lind, österr. Opernsängerin (geb. 1966); Eva Mattes, deutsche Schauspielerin (geb. 1954)
Namenstag: 24. Dezember

Evelyn weibl., aus dem Engl. übernommener Vorn., zu altengl. »aval« (Kraft) oder Fortbildung zu Eva
Andere Formen: **Evelina, Eweline, Evelyne**

Ewald männl., aus dem ahd. »ewa« (Recht, Ordnung) und »waltan« (walten, herrschen)
Namenstag: 3. Oktober

Ezra männl., aus der Bibel übernommener Vorn. hebr. Ursprungs, eigentlich »Hilfe«; der Priester Ezra führte die Juden aus der babylonischen Gefangenschaft
Andere Formen: **Esra**
Bekannte Namensträger: Ezra Loomis Pound, amerikan. Dichter (1885 bis 1972)

Guter Nam' und Redlichkeit
übertrifft den Reichtum weit.

Deutsches Sprichwort

Fabia weibl. Form zu Fabian
Andere Formen: **Fabiana, Fabiane; Fabienne** (französ.)
Fabian männl., aus dem Lat. übernommener Vorn., eigentlich ein röm. Sippenname; der röm. Stratege Quintus Fabius Maximus (um 280 bis 203 v. Chr.) rettete Rom vor Hannibal; für die Namengebung ausschlaggebend war der heilige Fabian, Papst (236 bis 250) und Märtyrer; literarische Figur bei Erich Kästner
Andere Formen: **Fabius; Fabian** (engl.); **Fabien** (französ.); **Fabiano, Fabio** (italien.); **Fabi, Fabijan** (russ.)
Namenstag: 20. Januar
Fabiola weibl., Weiterbildung zu Fabia; wurde durch die Königin von Belgien (geb. 1928) bekannt
Namenstag: 27. Dezember
Falko männl., aus dem ahd. »falcho« (Falke)
Andere Formen: **Falk, Falco**
Farah weibl., aus dem Arab. übernommener Vorn., eigentlich »Freude, Lustbarkeit«; bekannt wurde der Vorn. auch in Deutschland durch Farah Diba, die Ehegattin des ehe-

maligen pers. Schahs, und durch die amerikan. Filmschauspielerin Farah Fawcett

Fatima weibl., aus dem Arab. übernommener Vorn. unklarer Bedeutung; Fatima (606 bis 632) war die jüngste Tochter Mohammeds

Felix männl., aus dem Lat. übernommener Vorn., eigentlich »der Glückliche«; ursprünglich war Felix ein röm. Beiname
Verbreitung: als Name von Päpsten seit dem Mittelalter verbreitet; im 19. Jh. sehr beliebter Vorn., zu dem auch Goethes »Wilhelm Meister« (1821) beigetragen hat
Andere Formen: **Félicien** (französ.); **Felice** (italien.); **Félix** (span., portug.); **Feliks** (poln.); **Bódog** (ungar.)
Bekannte Namensträger: Felix Dahn, deutscher Schriftsteller und Geschichtsforscher (1834 bis 1912); Felix Mendelssohn-Bartholdy, deutscher Komponist (1809 bis 1847); Felix Timmermanns, fläm. Dichter (1886 bis 1947)
Namenstag: 18. Mai, 11. September, 20. November

Felizitas weibl., aus dem Lat. übernommener Vorn., eigentlich »die Glückselige«
Verbreitung: durch die Verehrung der heiligen Felizitas von Karthago verbreitet; der Vorn. gilt auch heute noch als modern

Andere Formen: **Felicitas, Feli, Fee, Feta**
Namenstag: 7. März, 23. November

Ferdinand männl., aus dem Span. übernommener Vorn., eigentlich Nebenform zu dem heute nicht mehr gebräuchlichen Vorn. Fridunant, aus dem german. »frithu« (Friede) und »nantha« (gewagt, kühn)
Verbreitung: mit den Westgoten gelangte der Vorn. nach Spanien und war dort weit verbreitet; im 16. Jh. wurde der Name von den Habsburgern übernommen und war bald in ganz Österreich und Deutschland beliebt; auch heute noch gilt der Vorn. als modern
Andere Formen: **Ferd, Ferdi, Fernand; Ferdl** (oberd.); **Nando, Fernando** (italien.); **Ferrand, Fernandel** (französ.); **Fernández** (span.); **Fernão** (portug.); **Nándor** (ungar.)
Bekannte Namensträger: Ferdinand Freiligrath, deutscher Dichter (1810 bis 1876); Ferdinand Lasalle, deutscher Politiker und Gründer der Sozialdemokratie (1825 bis 1864); Ferdinand Hodler, deutscher Maler (1853 bis 1918); Ferdinand Graf von Zeppelin, deutscher Luftschiffkonstrukteur (1838 bis 1917); Ferdinand Sauerbruch, deutscher Chirurg (1875 bis 1951); Ferdinand Porsche, deutscher Kraftfahrzeugkonstrukteur (1875 bis 1951)
Namenstag: 30. Mai, 5. Juni

Ferdinande weibl. Form zu Ferdinand
Andere Formen: **Ferdinanda, Ferdinandine; Nanda, Nande; Fernande** (französ.); **Fernanda** (iatlien., span.)

Filibert männl., aus dem ahd. »filu« (viel) und »beraht« (glänzend)
Andere Formen: **Filiberto** (italien.); **Fulbert** (engl.)

Filiberta weibl. Form zu Filibert

Firmus männl., aus dem Lat. übernommener Vorn., eigentlich »der Starke«
Andere Formen: **Firminus, Firmin**

Flavia weibl. Form zu Flavius

Flavius männl., aus dem Lat. übernommener Vorn., »aus dem Geschlecht der Flavier«; zu lat. «flavius« (blond)
Andere Formen: **Flavio** (italien.)

Fleur weibl., französ. Form zu Flora
Andere Formen: **Fleurette**

Flora weibl., aus dem Lat. übernommener Vorn., eigentlich Name der altröm. Frühlingsgöttin; der Vorn. war im 19. Jh. weit verbreitet
Andere Formen: **Flore, Floria; Fleur** (französ.); **Fiora, Fioretta** (italien.); **Floretta** (span.)

Florian männl., aus dem Lat. übernommener Vorn., eigentlich »der Blühende, der Prächtige«
Verbreitung: durch die Verehrung des heiligen Florian, Schutzpatron bei Feuer- und Wassergefahr, seit dem Mittelalter verbreitet
Andere Formen: **Flori, Floris; Florianus** (lat.); **Flurin** (rätoroman.); **Floriano** (italien., span.); **Floris** (niederländ.)
Bekannte Namensträger: Florian Geyer, Reichsritter und Anführer der aufständischen Bauern (1490 bis 1525)
Namenstag: 4. Mai

Floriane weibl. Form zu Florian

Frank männl., ursprünglich ein Beiname, eigentlich »der aus dem Volksstamm der Franken«
Verbreitung: der Vorn. wurde erst im 18. Jh., wahrscheinlich unter engl. Einfluss, in Deutschland bekannt
Andere Formen: **Franko**
Bekannte Namensträger: Frank Wedekind, deutscher Schriftsteller (1864 bis 1918); Frank Sinatra, amerikan. Schauspieler und Sänger (1915 bis 1998); Frank Elstner, Fernsehmoderator (geb. 1942)
Namenstag: 5. Juni

Franka weibl. Form zu Frank *Andere Formen:* **Franca** (italien.)

Franz männl., deutsche Form zu Francesco; der Vater des heiligen Franz von Assisi nannte seinen Sohn nach seiner französ. Mutter »Francesco« (Französlein)
Verbreitung: durch die Verehrung des heiligen Franz von Assisi war der Vorn. zunächst in Süddeutschland und in Österreich verbreitet, wurde dann aber in ganz Deutschland volkstümlich; gegenwärtig ist der Name weit verbreitet, auch in Doppelnamen, wird aber seltener gewählt
Andere Formen: **Frans** (niederländ.); **Franciscus** (lat.); **Francesco, Franco** (italien.); **Francis** (engl.); **Franek** (poln.); **François** (französ.); **Ferenc** (ungar.)
Bekannte Namensträger: Franz Schubert, deutscher Komponist (1797 bis 1828); Franz Grillparzer, österr. Dramatiker (1791 bis 1872); Franz Liszt, ungar.-deutscher Komponist (1811 bis 1886); Franz von Suppé, österr. Operettenkomponist (1819 bis 1895); Franz Léhar, ungar. Ope-

rettenkomponist (1870 bis 1948); Franz Marc, deutscher Maler (1880 bis 1916); Franz Kafka, österr. Schriftsteller tschech. Herkunft (1883 bis 1924); Franz Beckenbauer, deutscher Fußballspieler (geb. 1945); Franz-Josef Strauß, deutscher Politiker (1915 bis 1988)
Namenstag: 24. Januar, 2. April, 4. Oktober, 3. Dezember

Franziska weibl. Form zu Franziskus, der lat. Form zu Franz
Verbreitung: durch die Verehrung der heiligen Franziska im 13./14. Jh. wurde der Vorn. bekannt, aber erst im 18. Jh. durch die Gestalt der Franziska in Lessings »Minna von Barnhelm« verbreitet; heute noch öfter gewählt
Andere Formen: **Franzi, Fränze, Ziska; Fanny, Frances** (engl.); **Francesca** (italien.); **Fanni, Ferike** (ungar.); **Françoise** (französ.); **Franciska, Franeka, Franja**, **Fanika** (slaw.); **Siska** (schwed.)
Bekannte Namensträger: Franziska van Almsick, deutsche Rekordschwimmerin (geb. 1978) *Namenstag:* 9. März

Frauke weibl., fries. Koseform zu »Frau«, eigentlich »kleines Frauchen«
Andere Formen: **Fraukea, Frawa, Frawe, Frauwe**

Freia weibl., aus dem Nord. übernommener Vorn.; geht auf die altnord. Göttin Freyja (Herrin, Frau) zurück
Andere Formen: **Freya**

Friedemann männl., aus dem ahd. »fridu« (Friede) und

Frauke

Friederike

»man« (Mann); der Vorn. wurde durch Friedemann Bach, einen Sohn von Johann Sebastian Bach, bekannt

Friederike weibl. Form zu Friedrich
Andere Formen: **Frederika, Rika, Fricka, Frika; Frigga, Frigge** (fries.); **Fryderyka** (poln.)
Bekannte Namensträger: Friederike Brion (1752 bis 1813), die Jugendliebe von J. W. Goethe

Friedhelm männl., aus dem ahd. »fridu« (Friede) und »helm« (Helm, Schutz)

Friedrich männl., aus dem ahd. »fridu« (Friede) und »rihhi« (reich, mächtig)
Verbreitung: seit dem Mittelalter in sehr vielen Kurz- und Nebenformen verbreitet und vor allem als Name vieler Kaiser und Könige bekannt geworden; im 20. Jh. weniger oft gewählt
Andere Formen: **Frerich, Frek, Frido, Fridolin, Friedel, Fritz, Fiddy, Fiete, Frieder, Fedder; Ferry, Frédéric** (französ.); **Fred, Freddy, Frederic** (engl.); **Frederik** (niederländ., dän.); **Federico, Federigo** (italien., span.); **Fryderyk** (poln.); **Frigyes** (ungar.); **Fredrik** (schwed.); **Brisko** (slaw.)
Bekannte Namensträger: Friedrich Schiller, deutscher Dramatiker (1759 bis 1805); Friedrich Hölderlin, deutscher Dichter (1770 bis 1843); Friedrich Engels, deutscher Politiker (1820 bis 1895); Friedrich Hegel, deutscher Philosoph (1770 bis 1831); Friedrich Nietzsche, deutscher Dichter und Philosoph (1844 bis 1900)
Namenstag: 18. Juli

Frithjof männl., aus dem Nord. übernommener Vorn. zu altnord. »fridhr« (Friede) und »thjofr« (Fürst oder Kämp-

fer); der Vorn. wurde durch die Frithjofsaga des Schweden Tegnér in Deutschland bekannt
Bekannte Namensträger: Frithjof Nansen, norweg. Polarforscher (1861 bis 1930)

Fritz männl., Kurzform zu Friedrich; der Vorn. wurde durch den »Alten Fritz« (Friedrich den Großen) volkstümlich und war so weit verbreitet, dass »Fritz« von den Russen als Bezeichnung für »Deutscher« gebraucht wurde
Bekannte Namensträger: Fritz Reuter, deutscher Schriftsteller (1810 bis 1874); Fritz von Uhde, deutscher Maler (1848 bis 1911); Fritz Klimsch, deutscher Bildhauer (1870 bis 1960); Fritz Kreisler, deutscher Komponist und Violinist (1875 bis 1962)

Fürchtegott männl., pietistische Neubildung, eigentlich die Aufforderung, Gott zu fürchten
Bekannte Namensträger: Christian Fürchtegott Gellert, deutscher Schriftsteller (1715 bis 1769)

Frithjof

Der Trieb, sein Kind durch einen wohlklingenden Namen [...] zu adeln, ist löblich, und diese Verknüpfung einer eingebildeten Welt mit der Wirklichkeit verbreitet über das ganze Leben der Person einen anmutigen Schimmer.

Johann Wolfgang Goethe

Gabriel männl., aus der Bibel übernommener Vorn. hebr. Ursprungs, eigentlich »Mann Gottes«
Verbreitung: der Vorn. war als Name des Erzengels Gabriel im Mittelalter verbreitet, wird aber heute selten gewählt
Andere Formen: **Gabriele, Gabriello, Gabrio** (italien.); **Gawriil** (russ.); **Gábor** (ungar.)
Bekannte Namensträger: Gabriel Marcel, französ. Schriftsteller und Philosoph (1889 bis 1973); Gabriel García Márquez, kolumbian. Schriftsteller und Nobelpreisträger (geb. 1928)
Namenstag: 27. Februar

Gabriele weibl. Form zu Gabriel; in Italien ist Gabriele auch männl. Vorn.!
Verbreitung: seit dem Mittelalter bekannter Vorn., aber erst seit Mitte des 19. Jh. stärker verbreitet
Andere Formen: **Gabi, Gaby, Gabriella, Gabrielle, Gabriela; Jella** (fries.)
Bekannte Namensträger: Gabriele Wohmann, deutsche

Schriftstellerin (geb. 1932); Gabriela Sabatini, argentin. Tennisspielerin (geb. 1970)
Namenstag: 17. Juli

Gandolf männl., aus dem altisländ. »gandr« (Werwolf) und dem ahd. »wolf« (Wolf)

Gary männl., aus dem Amerikan. übernommener Vorn., vermutlich Koseform zu Garret, einer engl. Form von Gerhard
Bekannte Namensträger: Gary Cooper, amerikan. Filmschauspieler (1901 bis 1961); Gary Kasparow, russ. Schachspieler (geb. 1963)

Gaston männl., aus dem Französ. übernommener Vorn., wahrscheinlich auf Vedastus, einen fläm. Heiligen, zurückzuführen

Gebhard männl., aus dem ahd. »geba« (Gabe) und »harti« (hart)
Verbreitung: durch die Verehrung des heiligen Gebhard, Bischof von Konstanz (10. Jh.), seit dem Mittelalter verbreitet; heute selten gewählt
Andere Formen: **Gebbo, Gebbert, Gevehard,** (niederd.); **Gevaert** (niederländ.)
Bekannte Namensträger: Gebhard Leberecht Blücher, preuß. Feldmarschall (1742 bis 1819)
Namenstag: 27. August

Gemma weibl., aus dem Lat. übernommener Vorn., eigentlich »Edelstein«

Gemma

Georg

Georg männl., aus dem Griech. übernommener Vorn., eigentlich »der Landmann«
Verbreitung: durch die Verehrung des heiligen Georg, nach der Legende Drachentöter und als Schutzpatron der Waffenschmiede, Krieger und Landleute einer der 14 Nothelfer, seit dem Mittelalter verbreitet; heute seltener gewählt
Andere Formen: **Schorsch, Jörg, Gorch, Görgel, Gorg, Girg; York, Jorgen** (dän.); **Jürgen** (niederd.); **Jurij** (russ.); **Joris** (niederländ.); **George** (engl.); **Georges** (französ.); **Giorgio** (italien.); **Jorge** (span.); **Jerzy** (poln.); **György** (ungar.); **Yorck** (slaw.)
Bekannte Namensträger: Georg Büchner, deutscher Dichter (1813 bis 1837); Georg Trakl, österr. Lyriker (1887 bis 1914); Georg Baselitz, deutscher Maler und Bildhauer (geb. 1938)
Namenstag: 23. April

Georgia weibl. Form zu Georg
Andere Formen: **Georgina, Georgine; Georgette** (französ.); **Georgeta** (rumän.)

Gerald männl., Nebenform zu Gerwald, aus dem ahd. »ger« (Speer) und »waltan« (walten, herrschen)
Andere Formen: **Gerold, Garrelt; Giraldo** (italien.); **Géraud** (französ.); **Gery** (engl.)

Geralde weibl. Form zu Gerald
Andere Formen: **Geraldine, Gerolde**

Gernot

Gerfried männl., aus dem ahd. »ger« (Speer) und »fridu« (Friede)

Gerhard männl., aus dem ahd. »ger« (Speer) und »harti« (hart)
Verbreitung: durch die Verehrung des heiligen Gerhard von Toul (10. Jh.) seit dem Mittelalter verbreitet; gegenwärtig aber selten gewählt
Andere Formen: **Gerd, Geert, Gero, Gard; Gerrit** (fries.); **Garret, Garrard** (engl.); **Gérard** (französ.); **Geradus, Gaard** (niederländ.); **Gellért** (ungar.); **Gerardo, Gaddo, Galdo** (italien.)
Bekannte Namensträger: Gerhard von Scharnhorst, Reformer der preuß. Armee (1755 bis 1813); Gerhard Marcks, deutscher Bildhauer (1889 bis 1981); Gerhard Richter, deutscher Maler und Grafiker (geb. 1932); Gerhard Schröder, deutscher Politiker und Bundeskanzler (geb. 1944)
Namenstag: 23. April, 24. September

Gerharde weibl. Form zu Gerhard
Andere Formen: **Gerrit** (fries.)

Gerhild weibl., aus dem ahd. »ger« (Speer) und »hiltja« (Kampf)

Gerlinde weibl., aus dem ahd. »ger« (Speer) und »linta« (Schutzschild aus Lindenholz); bekannt wurde der Vorn. durch die Gestalt der Gerlinde in der Kudrunsage
Andere Formen: **Gerlind, Gerlindis**

Gernot männl., aus dem ahd. »ger« (Speer) und »not« (Bedrängnis, Gefahr); der Vorn. wurde bei uns durch die Gestalt des Gernot aus dem Nibelungenlied, dem Bruder der Kriemhild, bekannt

Gerolf männl., Nebenform von Gerwolf, aus dem ahd. »ger« (Speer) und »wolf« (Wolf)

Gertrud weibl., aus dem ahd. »ger« (Speer) und »trud« (Kraft)

Verbreitung: der Vorn. war im Mittelalter durch die Verehrung der heiligen Gertrud von Nivelles (7. Jh.) sehr beliebt, kam aber dann aus der Mode und wurde erst im 19. Jh. durch die Ritterdichtung neu belebt; heute nur noch selten gewählt

Andere Formen: **Gertraud, Gertrude, Gela, Gerda, Gerta; Geertrui** (niederländ.); **Gesche, Gesa, Geeske, Gesine, Jerra** (fries.)

Bekannte Namensträger: Gertrud von Le Fort, deutsche Schriftstellerin (1876 bis 1971); Gertrud Fussenegger, österr. Schriftstellerin (geb. 1912)

Namenstag: 17. März

Gerwin männl., aus dem ahd. »ger« (Speer) und »wini« (Freund)

Gideon männl., aus dem Hebr. übernommener Vorn., eigentlich »der Baumfäller, der Krieger«

Andere Formen: **Gidion, Gedeon, Gidon**

Gisela weibl., Herkunft und Bedeutung unklar, eventuell Kurzform zu Vorn. mit »Gis-« zu ahd. »gisal« (Geisel)

Verbreitung: der Vorn. war schon im Mittelalter sehr beliebt; in der Mitte des 20. Jh. war der Vorn. weit verbreitet, wurde aber dann seltener gewählt

Andere Formen: **Gisa, Gila, Gilla; Giselle, Gisèle** (französ.); **Gisella** (italien.); **Gizella** (ungar.)
Bekannte Namensträger: Gisela Uhlen, deutsche Filmschauspielerin (geb. 1924); Gisela Schlüter, deutsche Kabarettistin (1919 bis 1995)
Namenstag: 7. Mai

Giselbert männl., aus dem ahd. »gisal« (Geisel) und »beraht« (glänzend)
Andere Formen: **Gilbert, Gisbert**

Giselberta weibl. Form zu Giselbert

Giselher männl., aus dem ahd. »gisal« (Geisel) und »heri« (Heer); der Vorn. wurde bei uns durch die Gestalt des Giselher im Nibelungenlied bekannt (Kriemhildes jüngster Bruder)
Andere Formen: **Giso, Gislar**

Giselmund männl., aus dem ahd. »gisal« (Geisel) und »munt« (Schutz der Unmündigen)

Gislind weibl., aus dem ahd. »gisal« (Geisel) und »linta« (Schutzschild aus Lindenholz)

Glenn männl., aus dem Engl. übernommener Vorn. wahrscheinlich kelt. Ursprungs, eigentlich »Talbewohner«
Bekannte Namensträger: Glenn Miller, amerikan. Jazzmusiker und Komponist (1904 bis 1944)

Gloria weibl., aus dem Lat. übernommener Vorn., eigentlich »Ruhm, Ehre«

Godehard männl., ältere Form zu Gotthard, aus dem ahd. »got« (Gott) und »harti« (hart)
Namenstag: 4. Mai

Godelinde weibl., aus dem ahd. »got« (Gott) und »linta« (Schutzschild aus Lindenholz)

Godelewa weibl. Form zu Godelet, einer niederd. Form zu Gottlieb

Gottfried männl., aus dem ahd. »got« (Gott) und »fridu« (Friede)
Verbreitung: durch die Verehrung des heiligen Gottfried von Amiens seit dem Mittelalter verbreitet; der Vorn. wurde oft von den Herzögen von Lothringen gewählt; in der Zeit des Pietismus (17./18. Jh.) wurde der Name neu belebt; heute selten gewählt
Andere Formen: **Götz, Friedel; Godfrey, Geoffrey, Jeffrey** (engl.); **Göpf** (schweiz.); **Gevert, Govert** (niederländ.); **Geoffroy, Godefroy** (französ.); **Goffredo** (italien.)
Bekannte Namensträger: Johann Gottfried Herder, deutscher Schriftsteller (1744 bis 1803); Gottfried Keller, schweiz. Dichter (1816 bis 1890); Gottfried Benn, deutscher Lyriker (1886 bis 1956)
Namenstag: 13. Januar, 8. November

Glenn

Gotthard männl., aus dem ahd. »got« (Gott) und »harti« (hart); durch die Verehrung des heiligen Gotthard von Hildesheim (11. Jh.) im Mittelalter verbreitet; der Heilige ist auch der Namenspatron des gleichnamigen Alpenmassivs und -passes
Andere Formen: **Godehard, Gottert** *Namenstag:* 4. Mai
Gotthelf männl., pietistische Neubildung aus dem 17./18. Jh.
Gotthold männl., pietistische Neubildung aus dem 17./18. Jh.
Bekannte Namensträger: Gotthold Ephraim Lessing, deutscher Schriftsteller (1729 bis 1781)
Gottlieb männl., pietistische Neubildung aus dem 17./18. Jh., angelehnt an das ahd. »leiba« (Überbleibsel, Nachkomme)
Bekannte Namensträger: Friedrich Gottlieb Klopstock, deutscher Schriftsteller (1724 bis 1803); Johann Gottlieb Fichte, deutscher Philosoph (1762 bis 1814)
Gottlob männl., pietistische Neubildung aus dem 17./18. Jh., eigentlich die Aufforderung »lobe Gott!«
Gratia weibl., aus dem Lat. übernommener Vorn., eigentlich »die Anmutige«
Andere Formen: **Grazia; Grace** (engl.); **Gracia** (span.)
Bekannte Namensträger: Grace Kelly, später Fürstin Gracia Patricia von Monaco (1929 bis 1982)
Gregor männl., aus dem Griech. übernommener Vorn., eigentlich »der Wachsame«
Verbreitung: durch die Verehrung von Gregor dem Großen (6./7. Jh.) war der Vorn. im Mittelalter verbreitet, bis heute öfter gewählt

Andere Formen: **Grigorij, Grischa** (russ.); **Grégoire** (französ.); **Gregorio** (span., italien.); **Gregoor** (niederländ.); **Gregory** (engl.); **Grigore** (rumän.); **Grzegorz** (poln.)
Bekannte Namensträger: Gregor XIII., Papst und Kalenderreformer (1502 bis 1585); Gregor Mendel, Entdecker der biologischen Vererbungsgesetze (1822 bis 1884)
Namenstag: 2. Januar, 25. Mai, 3. September, 17. November

Griselda weibl., aus dem Italien. übernommener Vorn., der auf eine Sagengestalt zurückgeht; bekannt wurde als literarische Bearbeitung die Gestalt der Griselda in Boccaccios »Decamerone« (14. Jh.)
Andere Formen: **Grizel, Zelda** (engl.)

Gritt weibl., Kurzform zu Margarete
Andere Formen: **Grit, Gritta, Grita, Gritli**

Gudrun weibl., aus dem ahd. »gund« (Kampf) und »runa« (Geheimnis); der Vorn. wurde durch die Gestalt der Gudrun der Kudrunsage (13. Jh.) bekannt; im Mittelalter als Adelsname verbreitet und im 19. Jh. neu belebt
Andere Formen: **Gudula, Gundula, Gunda, Gudrune, Gutrune** *Bekannte Namensträger:* Gudrun Landgrebe, deutsche Schauspielerin (geb. 1950)

Guido männl., italien. Form zu Wido, einer Kurzform zu Vorn. mit »Wede« oder »Wide« zu ahd. »witu« (Wald, Gehölz)
Bekannte Namensträger: Guido Reni, italien. Maler (1575

bis 1642); Guido Kratschmer, deutscher Zehnkämpfer (geb. 1953)

Gundolf männl., aus dem ahd. »gund« (Kampf) und »wolf« (Wolf)

Gunnar männl., skand. Form zu Günter
Bekannte Namensträger: Gunnar Gunnarsson, isländ. Schriftsteller (1889 bis 1975)

Günter männl., aus dem ahd. »gund« (Kampf) und »heri« (Heer)
Verbreitung: seit dem Mittelalter als Name des Burgunderkönigs Gunther aus dem Nibelungenlied bekannt und weit verbreitet; um 1920 galt Günter als Modename; heute noch verbreitet, aber seltener gewählt
Andere Formen: **Günther, Gunter, Gunther; Gunnar** (skand.); **Gunder** (dän.)
Bekannte Namensträger: Günter Grass, deutscher Schriftsteller und Nobelpreisträger (geb. 1927)
Namenstag: 9. Oktober

Guntmar männl., aus dem ahd. »gund« (Kampf) und »mari« (berühmt)

Guntram männl., aus dem ahd. »gund« (Kampf) und »hraban« (Rabe)

Gustav männl., aus dem Schwed. übernommener Vorn., eigentlich »Stütze im Kampf«
Verbreitung: durch den Schwedenkönig Gustav Adolf (1594 bis 1632) wurde der Vorn. in Deutschland bekannt und weit verbreitet; um 1900 galt der Name als modern, heute seltener gewählt
Andere Formen: **Gus, Gustaf, Gustel; Gösta** (schwed.); **Gustave** (engl., französ.); **Gustavo** (italien., span.); **Gustaaf, Gustavus** (niederländ.); **Gusztáv** (ungar.); **Hustav** (ukrain.)
Bekannte Namensträger: Gustav Schwab, deutscher Dichter (1792 bis 1850); Gustav Freytag, deutscher Schriftsteller (1816 bis 1895); Gustav Mahler, österr. Komponist (1860 bis 1911); Gustav Knuth, deutscher Schauspieler (1901 bis 1987) *Namenstag:* 10. März

Gwendolin weibl., aus dem Engl. übernommener Vorn., dessen Bedeutung unklar ist, eventuell zu kelt. »gwyn« (weiß)
Andere Formen: **Gwenda, Gwen**

Wer einen schlechten
Namen hat,
ist halb gehangen.
Galizisches Sprichwort

Hagen männl., Kurzform zu Vorn. mit »hagan« (Einhegung, Hag); bekannt ist die Gestalt des Hagen von Tronje aus dem Nibelungenlied
Andere Formen: **Hai, Haie, Haio, Hajo, Heie, Heye** (fries.)
Hajo männl., fries. Kurzform zu Hagen, Hugo oder Kurzform des neuen Doppelnamens Hansjoachim
Hanna/Hannah weibl., Kurzform zu Johanna oder aus dem Hebr., eigentlich »Anmut« oder »Er (Gott) hat mich begünstigt«
Verbreitung: seit dem Mittelalter verbreitet, auch durch die Verehrung der heiligen Hanna, Mutter des Samuel und Frau des Tobias im Alten Testament
Andere Formen: **Hanne, Hannele, Hanja, Hannchen, Hansi; Hanka** (slaw.)
Bekannte Namensträger: Hanna Schygulla, deutsche Schauspielerin (geb. 1943); Hannah Arendt, deutsch-amerikan. Soziologin (1906 bis 1975) *Namenstag:* 4. Februar, 2. Oktober, 12. Dezember

Hans

Hans männl., Kurzform zu Johannes
Verbreitung: seit dem 14. Jh. zählt Hans zu den beliebtesten deutschen Vorn.; der Name war in Deutschland so häufig, dass er zum »Gattungsnamen« abgewertet wurde (Hanswurst, Hansdampf in allen Gassen, Schmalhans, Hans Guckindieluft, Prahlhans); auch heute noch weit verbreitet, vor allem in seinen vielen Nebenformen und Doppelnamen mit Hans
Andere Formen: **Hanns, Hansi, Hannes, Hanko, Hänsel, Hansjoachim, Hansdieter, Hansjürgen, Hansjoseph**
Bekannte Namensträger: Hans Sachs, deutscher Fastnachtsspieldichter (1494 bis 1576); Hans Christian Andersen, dän. Märchenverfasser (1805 bis 1875); Hans Albers, deutscher Schauspieler (1892 bis 1960); Hans Fallada, deutscher Schriftsteller (1893 bis 1947); Hans Moser, österr. Schauspieler (1880 bis 1964); Hans Rosenthal, deutscher Fernsehunterhalter (1925 bis 1987)

Harald männl., aus dem Nord. übernommener Vorn., eigentlich angelehnt an Harold, aus dem ahd. »hari« (Heer) und »waltan« (walten, herrschen)
Verbreitung: der Vorn. spielte bei den nord. Königen eine große Rolle und wurde bei uns um 1900 modern; heute noch verbreitet, aber nicht mehr so oft gewählt

Hans im Glück

Andere Formen: **Harry; Eraldo** (italien.)
Bekannte Namensträger: Harald Juhnke, deutscher Fernsehunterhalter (1929 bis 2005); Harald Schmid, deutscher Leichtathlet (geb. 1957); Harald Schmidt, deutscher Entertainer (geb. 1957)

Hariolf männl., aus dem ahd. »heri« (Heer) und »wolf« (Wolf)
Andere Formen: **Hariulf**

Harriet weibl., aus dem Engl. übernommen, zu Harry, der engl. Form zu Heinrich, gehörend; entspricht Henriette

Hartlieb männl., aus dem ahd. »harti« (hart) und »liob« (lieb)

Hartmann männl., aus dem ahd. »harti« (hart) und »man« (Mann)
Bekannte Namensträger: Hartmann von Aue, deutscher Dichter (um 1200)

Hartmut männl., aus dem ahd. »harti« (hart) und »muot« (Sinn, Geist); der Vorn. ist vor allem durch die Gestalt des Hartmut in der mittelalterlichen Kudrunsage bekannt

Hartwig männl., aus dem ahd. »harti« (hart) und »wig« (Kampf)

Hartwin männl., aus dem ahd. »harti« (hart) und »wini« (Freund)

Hasso männl., Kurzform zu Vorn. mit »Hart-«; ursprünglich war Hasso ein Herkunftsname (der Hesse)
Andere Formen: **Hesso, Hasko, Hassilo**

Hedda weibl., skand. Kurzform zu Hedwig; bekannt wurde der Vorn. durch Ibsens Schauspiel »Hedda Gabler« (1891 in deutscher Übersetzung)

Hedwig weibl., aus dem ahd. »hadu« (Kampf) und »wig« (Kampf)
Verbreitung: Hedwig gehört zu den ältesten deutschen Vorn.; im Mittelalter als Name von vielen Fürstinnen und Heiligen verbreitet; die Verehrung der heiligen Hedwig, Patronin von Schlesien (12./13. Jh.), trug zur Verbreitung des Vorn. bei; heute selten gewählt
Andere Formen: **Hadwig, Hede, Hedi, Heta; Hedda** (skand.); **Jadwiga** (poln.); **Hedvig** (schwed.); **Hedwigis** (niederländ.); **Edwige** (italien.)
Bekannte Namensträger: Hedwig Courths-Mahler, deutsche Schriftstellerin (1867 bis 1950)
Namenstag: 16. Oktober

Heide weibl., Kurzform zu Adelheid

Heidi weibl., Koseform zu Adelheid; der Vorn. wurde vor allem durch die »Heidi«-Bücher der J. Spyri (seit 1881) bekannt
Bekannte Namensträger: Heidi Kabel, deutsche Schauspielerin (geb. 1914); Heidi Brühl, deutsche Schauspielerin (1942 bis 1991)

Heidrun weibl., Neubildung aus ahd. »heit« (Art, Weise) und »runa« (Geheimnis)

Heike weibl., fries. Kurzform zu Heinrike (dieser Name ist Nebenform zu Henrike, der weibl. Form zu Henrik) *Bekannte Namensträger:* Heike Makatsch, deutsche Schauspielerin (geb. 1971)
Namenstag: 13. Juli

Heiko männl., Kurzform zu Heinrich

Heimfried männl., aus dem ahd. »heime« (Haus) und »fridu« (Friede)

Heinfried männl., neuer Doppelname aus Heinrich und Friedrich

Heinrich männl., aus dem ahd. »hagan« (Hof) und »rihhi« (reich, mächtig)

Verbreitung: im Mittelalter war Heinrich einer der häufigsten deutschen Vorn., daher stammt auch die Bezeichnung »Hinz und Kunz« (Heinrich und Konrad) für »jedermann«; heute wird der Vorn. aber seltener gewählt

Andere Formen: **Hinrich, Hinz, Reitz, Heinz, Heiner, Heini, Heise; Harry, Henry** (engl.); **Enzio, Enrico** (italien.); **Jendrik** (slaw.); **Heintje, Heino, Henner, Henneke, Henke, Heinke** (fries.); **Henri** (französ.); **Hendrik** (niederländ.); **Henrik** (dän., schwed.); **Henryk** (poln.); **Enrique** (span.); **Heikki** (Finn.); **Genrich** (russ.)

Bekannte Namensträger: Heinrich Schütz, deutscher Komponist (1585 bis 1672); Heinrich Schliemann, deutscher Archäologe und Entdecker von Troja (1822 bis 1890); Heinrich von Kleist, deutscher Dramatiker (1777 bis 1811); Heinrich Heine, deutscher Schriftsteller (1797 bis 1856); Heinrich Hertz, deutscher Physiker (1857 bis 1894); Heinrich Zille, Berliner Zeichner (1858 bis 1929); Heinrich Mann, deutscher Schriftsteller (1871 bis 1950); Heinrich George, deutscher Schauspieler (1893 bis 1946); Heinrich Böll, deutscher Schriftsteller (1917 bis 1986)

Namenstag: 13. Juli

Heinz männl., beliebteste Kurzform zu Heinrich

Bekannte Namensträger: Heinz Rühmann, deutscher Schau-

Helene

spieler (1902 bis 1994); Heinz Piontek, deutscher Schriftsteller (1925 bis 2003)

Helene weibl., aus dem Griech. übernommener Vorn., eigentlich »die Sonnenhafte«

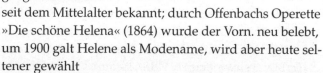

Verbreitung: durch die heilige Helena und die griech. Sagengestalt Helena seit dem Mittelalter bekannt; durch Offenbachs Operette »Die schöne Helena« (1864) wurde der Vorn. neu belebt, um 1900 galt Helene als Modename, wird aber heute seltener gewählt

Andere Formen: **Helena, Helen, Elena, Elina, Ella, Ilka, Lene, Nelli, Ellen; Ilona** (ungar.); **Lenka** (slaw.); **Ela** (slowak.); **Elena** (italien.); **Hélène** (französ.); **Ileana** (rumän.); **Elin** (dän., schwed.); **Eileen, Ellen, Helen** (engl.); **Jelena, Alene** (russ.)

Bekannte Namensträger: Helene Lange, deutsche Frauenrechtlerin (1848 bis 1930); Helene Weigel, deutsche Schauspielerin (1900 bis 1971)

Namenstag: 18. August

Helga weibl., aus dem Nord. übernommener Vorn., eigentlich »die Gesunde, Vollkommene«

Helge männl., aus dem Nord. übernommener Vorn., eigentlich »der Heilige« oder weibl. Nebenform zu Helga

Helmfried männl., aus dem ahd. »helm« (Helm) und »fridu« (Friede)

Helmut männl., Herkunft unklar, wahrscheinlich Nebenform zu Heilmut aus dem ahd. »heil« (heil, gesund) und »muot« (Sinn, Geist)
Verbreitung: der Vorn. wurde erst im 19. Jh. öfter gewählt und wahrscheinlich durch Helmuth von Moltke (1800 bis 1891), Generalstabschef der deutschen Einigungskriege, verbreitet; um 1930 galt der Name als modern, heute selten gewählt
Andere Formen: **Hellmut, Helmuth, Hellmuth, Helmke, Helli, Hamme**
Bekannte Namensträger: Helmut Schön, ehemaliger Trainer der deutschen Fußballnationalmannschaft (1915 bis 1996); Helmut Heissenbüttel, deutscher Lyriker (1921 bis 1996); Helmut Schmidt, deutscher Politiker und ehemaliger Bundeskanzler (geb. 1918); Helmut Qualtinger, österr. Schauspieler (1928 bis 1986); Helmut Kohl, deutscher Politiker und ehemaliger Bundeskanzler (geb. 1930)

Henriette weibl., im 17. Jh. aus dem Französ. übernommen, Verkleinerungsform zu Henri, der männl. französ. Form von Heinrich

Henrik männl., dän. und schwed. Form zu Heinrich
Andere Formen: **Henk; Henny, Henrich**
Bekannte Namensträger: Henrik Ibsen, norweg. Schriftsteller (1828 bis 1906)

Herbert männl., aus dem ahd. »heri« (Heer) und »beraht« (glänzend)
Verbreitung: durch die Verehrung des heiligen Herbert, Erzbischof von Köln (11. Jh.), seit dem Mittelalter im Rheinland verbreitet; um 1900 galt Herbert als modern; heute selten gewählt

Herlinde

Andere Formen: **Heribert, Herbort; Aribert** (französ.)
Bekannte Namensträger: Herbert von Karajan, österr. Dirigent (1900 bis 1989); Herbert Wehner, deutscher Politiker (1906 bis 1989); Herbert Grönemeyer, deutscher Sänger und Schauspieler (geb. 1956)
Namenstag: 16. März

Herlinde weibl., aus dem ahd. »heri« (Heer) und »linta« (Schutzschild aus Lindenholz)

Hermann männl., aus dem ahd. »heri« (Heer) und »man« (Mann)
Verbreitung: seit dem Mittelalter sehr beliebter Vorn., vor allem beim Adel; im 19. Jh. trug Goethes »Hermann und Dorothea« zur Verbreitung des Namens bei; heute wird der Vorn. selten gewählt
Andere Formen: **Hemmo, Haro, Harm, Harme, Herms** (fries.); **Herman** (engl.); **Armand** (französ.); **Ermanno, Erminio** (italien.); **Armando** (span., italien.); **German** (russ.)
Bekannte Namensträger: Hermann Hesse, deutscher Schriftsteller (1877 bis 1962); Hermann Broch, österr. Schriftstel-

ler (1886 bis 1951); Hermann Neuberger, Präsident des Deutschen Fußballbundes (1919 bis 1993)

Hermine weibl. Form zu Hermann oder Kurzform zu Vorn. mit »Her-« oder »Irm-«
Andere Formen: **Herma, Hermia, Hermin; Ermina** (italien.); **Chermina** (bulgar.); **Germina** (russ.); **Armande** (französ.)
Bekannte Namensträger: Hermine Körner, deutsche Schauspielerin (1882 bis 1960)

Herward männl., aus dem ahd. »heri« (Heer) und »wart« (Hüter, Schützer)
Andere Formen: **Herwarth**

Herwig männl., aus dem ahd. »heri« (Heer) und »wig« (Kampf)

Herwiga weibl. Form zu Herwig

Herwin männl., aus dem ahd. »heri« (Heer) und »wini« (Freund)
Andere Formen: **Erwin**

Hieronymus männl., aus dem Griech. übernommener Vorn., eigentlich »der Mann mit dem heiligen Namen«
Verbreitung: der Vorn. wurde durch den Übersetzer der Bibel Sophronius Eusebius Hieronymus (4. Jh.) bekannt, wird heute aber selten gewählt
Andere Formen: **Grommes, Gromer; Jero** (schweiz.); **Gerome, Jerome** (engl.); **Jérôme** (französ.); **Geronimo** (italien.); **Jeronimo** (span.); **Jaronim** (slaw.); **Jeroen** (niederländ.)
Bekannte Namensträger: Hieronymus Bosch, niederländ. Maler (1450 bis 1516)
Namenstag: 30. September

Hilarius männl., aus dem Lat. übernommener Vorn., eigentlich »der Heitere«; durch die Verehrung des heiligen Hilarius, Papst und Erzbischof von Arles (5. Jh.), seit dem Mittelalter bekannt, aber heute selten gewählt
Andere Formen: **Hilaire** (französ.); **Larry** (engl.), **Ilario** (italien.)
Namenstag: 28. Februar

Hildegard weibl., aus dem ahd. »hiltja« (Kampf) und »gard« (Schutz);
Verbreitung: durch die Verehrung der heiligen Hildegard von Bingen (11./12. Jh.) seit dem Mittelalter verbreitet; der Vorn. wurde durch die romantische Literatur und Ritterdichtung zu Beginn des 19. Jh. neu belebt; heute selten gewählt
Andere Formen: **Hilda, Hilde; Hilla, Hidda, Hilke** (fries.)
Bekannte Namensträger: Hildegard Knef, deutsche Schauspielerin (1925 bis 2002)
Namenstag: 17. September

Hildeger männl., aus dem ahd. »hiltja« (Kampf) und »ger« (Speer)
Andere Formen: **Hildger, Hilger**

Hildegund weibl., aus dem ahd. »hiltja« (Kampf) und »gund« (Kampf)
Andere Formen: **Hildegunde**

Hildemar männl., aus dem ahd. »hiltja« (Kampf) und »mari« (berühmt)
Andere Formen: **Hilmar**

Hildrun weibl., aus dem ahd. »hiltja« (Kampf) und »runa« (Geheimnis)

Hilke weibl., fries. Form zu Vorn. mit »Hilde-«, vor allem zu Hildegard

Hiltraud weibl., aus dem ahd. »hiltja« (Kampf) und »trud« (Stärke)
Andere Formen: **Hiltrud**

Holger männl., aus dem altnord. »holmr« (Insel) und »geirr« (Speer)
Verbreitung: der aus dem Nord. übernommene Vorn. ist vor allem in Dänemark sehr beliebt; Holger Danske heißt der Nationalheld, der der Sage nach aus seinem Schlaf erwacht, wenn Dänemark in Not gerät; der Vorn. wurde bei uns auch durch Andersens Märchen verbreitet; heute wird der Vorn. seltener gewählt
Andere Formen: **Holdger**

Holm männl., aus dem Nord. übernommener Vorn., eigentlich »der von der Insel«

Holm

Horst männl., der Vorn. ist wahrscheinlich an die Bezeichnung »Horst« (Gehölz, niedriges Gestrüpp) angelehnt
Verbreitung: der Vorn. galt um 1900 als Adelsname, wurde dann aber volkstümlich; heute noch verbreitet, aber selten gewählt
Bekannte Namensträger: Horst Buchholz, deutscher Schauspieler (1933 bis 2003); Horst-Eberhard Richter, deutscher Psychoanalytiker (geb. 1923); Horst Janssen, deutscher Maler und Grafiker (1929 bis 1995)

Hortensia weibl., aus dem Lat. übernommener Vorn., eigentlich »die aus dem altröm. Geschlecht der Hortensier«; der Vorn. wird auch oft mit der gleichnamigen Pflanze Hortensie in Zusammenhang gebracht (diese Pflanze wurde nach der französ. Astronomin Hortense Lepouche benannt)
Andere Formen: **Hortense** (französ.); **Ortensia** (italien.)

Hosea männl., aus der Bibel übernommener Vorn. hebr. Ursprungs, eigentlich »Gott hilft«; Hosea ist ein biblischer Prophet, der sich gegen den Götzendienst wendet

Hubert männl., neuere Form zu Hugbert, aus dem ahd. »hugu« (Gedanke, Verstand) und »beraht« (glänzend)

Verbreitung: durch die Verehrung des heiligen Hubert, Bischof von Lüttich, Apostel der Ardennen und Patron der Jäger (8. Jh.), seit dem Mittelalter verbreitet; heute selten gewählt
Andere Formen: **Hugbert, Hubrecht, Bert, Haubert; Hubertus** (lat.); **Uberto** (italien.)
Bekannte Namensträger: Hubert von Meyerinck, deutscher Filmschauspieler (1896 bis 1971)
Namenstag: 3. November

Huberta weibl. Form zu Hubert

Hugo männl., Kurzform zu Vorn. mit »Hug-«, vor allem zu Hugbert und Hugbald, aus dem ahd. »hugu« (Gedanke, Verstand) und »beraht« (glänzend) bzw. »bald« (kühn)
Verbreitung: seit dem Mittelalter verbreiteter Vorn., der im 19. Jh. durch die romantische Literatur und Ritterdichtung neu belebt wurde; heute selten gewählt
Andere Formen: **Haug; Hauke** (fries.); **Ugo** (italien.); **Hugh** (engl.); **Hugues** (französ.)
Bekannte Namensträger: Hugo von Hofmannsthal, österr. Schriftsteller (1874 bis 1929); Hugo Junkers, deutscher Flugzeugkonstrukteur (1859 bis 1935); Hugo Eckener, deutscher Luftfahrtpionier und Zeppelinkonstrukteur (1868 bis 1954)
Namenstag: 28. April

Hulda weibl., aus dem ahd. »holda« (guter weibl. Geist)
Andere Formen: **Holda; Ulla** (schwed.)

Humbert männl., aus dem ahd. »huni« (junges Tier, junger Bär) und »beraht« (glänzend)
Verbreitung: Humbert war im Königshaus von Savoyen

Hunfried

gebräuchlich; volkstümlich wurde der Vorn. in Deutschland nie
Andere Formen: **Umberto** (italien.)

Hunfried männl., aus dem ahd. »huni« (junges Tier, junger Bär) und »fridu« (Friede) *Andere Formen:* **Humfried; Humphrey** (engl.)

Hunold männl., aus dem ahd. »huni« (junges Tier, junger Bär) und »waltan« (walten, herrschen)

Hyazinth männl., aus dem Griech. übernommener Vorn., dessen Bedeutung unklar ist; der Vorn. geht auf einen spartanischen Jüngling zurück, der von Apoll versehentlich mit einem Diskus getötet wurde und aus dessen Blut die Blume Hyazinthe spross
Andere Formen: **Hyacinth, Hyazinthus; Giacinto** (italien.); **Hyacinthe** (französ.); **Jacek** (poln.); **Jacinto** (span.)
Namenstag: 17. August, 11. September

Humbert

> Eins aber weiß ich ganz gewiss:
> Bedeutsam sind die Namen!
> So schickt für Mädchen Lisbeth sich,
> Elisabeth für Damen.
>
> *Theodor Storm,*
> *Ein Gutachten*

Ibo männl., Ursprung unklar, eventuell aus dem ahd. »iwa« (Bogen aus Eibenholz) *Verbreitung:* auf den fries. Sprachraum beschränkt, heute selten gewählt
Andere Formen: **Ibbe, Ibbo, Ibe; Yves** (französ.)

Iduna weibl., nord. Vorn., geht auf die altnord. Göttin der ewigen Jugend »Idunn« zurück, zu altnord. »idhunn« (Verjüngung)

Ignatia weibl. Form zu Ignatius

Ignatius männl., aus dem lat. »ignius« (das Feuer)
Verbreitung: als Vorn. des heiligen Ignatius von Loyola (15./16. Jh.) wurde der Name im 18. Jh. in Süddeutschland gebräuchlich; heute immer noch verbreitet, aber sehr selten gewählt
Andere Formen: **Ignaz, Ignatz**
Bekannte Namensträger: heiliger Ignatius von Antiochien, Bischof und Märtyrer (1./2. Jh.); Ignatz Bubis, Vorsitzender des Zentralrats der deutschen Juden (1927 bis 1999)
Namenstag: 31. Juli, 17. Oktober

Ignatius

Igor männl., aus dem Russ. übernommener Vorn., der seinerseits auf den skand. Vorn. Ingvar zurückgeht
Verbreitung: durch die schwed. Waräger wurde dieser Vorn. im Mittelalter in Russland verbreitet; Borodins Oper »Fürst Igor« war ausschlaggebend für die Verbreitung des Vorn. im deutschen Sprachraum
Andere Formen: **Ikor** (ukrain.); **Ingvar** (skand.)
Bekannte Namensträger: Igor Strawinski, amerikan.-russ. Komponist (1882 bis 1971); Igor Oistrach, russ. Violinvirtuose (geb. 1931) *Namenstag:* 19. September

Ilga weibl., alter deutscher Vorn., wahrscheinlich Nebenform zu Helga oder Kurzform zu Ilsegard; eine heilige Ilga wurde im Mittelalter im Bodenseegebiet verehrt (um 1000)

Ilona weibl., ungar. Form zu Helene
Verbreitung: um 1900 vor allem in Adelskreisen gewählt, seit etwa 1940 im gesamten deutschen Sprachgebiet verbreitet
Andere Formen: **Ilu, Iluska, Inka, Ilka, Ilonka** (ungar.)
Bekannte Namensträger: Ilona Christen, deutsche Fernsehmoderatorin (geb. 1952)

Ilse weibl., Kurzform zu Elisabeth und Zusammensetzungen mit »Ilse-«
Verbreitung: im 19. Jh. stark verbreitet, vor allem durch G. Freytags Roman »Die verlorene Handschrift« (1864), dessen Heldin Ilse Bauer hieß
Andere Formen: **Ilsa, Ilsebill, Ilsedore, Ilsegard, Ilsegret, Ilselore, Ilselotte, Ilsemarie, Ilsetraude**
Bekannte Namensträger: Ilse Werner, deutsche Filmschauspielerin und Sängerin (geb. 1921); Ilse Aichinger, österr. Schriftstellerin (geb. 1921)

Immanuel männl., aus der Bibel übernommener Vorn. hebr. Ursprungs, eigentlich »Gott mit uns«
Verbreitung: um 1900 Adelsname, danach auch von Bürgerlichen gewählt
Andere Formen: **Emanuel** (griech.-lat.); **Manuel, Nallo**
Bekannte Namensträger: Immanuel Kant, deutscher Philosoph (1724 bis 1804)

Imogen weibl., Bedeutung unsicher, vielleicht aus dem Altirischen »Tochter« oder lat. »Bild«; aus Shakespeares »Cymbeline« bekannt

Ina weibl., Kurzform von Vorn., die auf »-ina« oder »-ine« enden, vor allem Katharina, Karoline und Regina
Verbreitung: um 1900 in Adelskreisen oft gewählt, heute im gesamten deutschsprachigen Raum verbreitet
Andere Formen: **Ineke**
Bekannte Namensträger: Ina Seidel, deutsche Erzählerin (1885 bis 1974), Ina Deter, deutsche Rocksängerin (geb. 1947)

Ines weibl., span. Form zu Agnes

Ingeborg weibl., nord. Vorn. aus »Ingvio« (german. Stammesgott) und »bergan« (schützen)
Verbreitung: durch die Heldin Ingeborg in E. Tegnérs »Frithiofssaga« (1826 ins Deutsche übersetzt) bekannt geworden, starke Verbreitung in der ersten Hälfte des 20. Jh.
Andere Formen: **Inge; Inka, Inken** (nordfries.); **Inga** (skand.)
Bekannte Namensträger: Ingeborg Bachmann, österr. Schriftstellerin (1926 bis 1973)

Ingo männl., Kurzform von Zusammensetzungen mit »Ingo-«, zu ahd. »ingwio« (german. Stammesgottheit)
Verbreitung: im 19. Jh. durch Gustav Freytags Romanzyklus »Die Ahnen« allgemein bekannt geworden
Andere Formen: **Ingobert, Ingomar**

Ingolf männl., aus dem ahd. »ingwio« (german. Stammesgottheit) und »wolf« (Wolf)

Ingomar männl., aus dem ahd. »ingwio«

(german. Stammesgottheit) und »mâr« (groß, berühmt)
Verbreitung: im deutschen Sprachraum selten, bekannter sind die schwed. Formen
Andere Formen: **Ingo; Ingemar, Ingmar** (schwed.)
Ingram männl., aus dem ahd. »ingwio« (german. Stammesgottheit) und »hraban« (Rabe)
Ingrid weibl., aus dem Nord. übernommener Vorn. zu ahd. »ingwio« (german. Stammesgottheit) und »fridhr« (schön)
Verbreitung: kam um 1890 mit der skand. Literatur nach Deutschland, seit den Sechzigerjahren stark rückläufig
Andere Formen: **Inger, Ingerid**
Bekannte Namensträger: Ingrid Bergman, schwed. Schauspielerin (1915 bis 1982); Ingrid Noll, deutsche Krimiautorin (geb. 1935)
Namenstag: 2. September
Ingvar männl., skand. Vorn. zu ahd. »ingwio« (german. Stammesgottheit) und altnord. »varr« (Hüter)
Andere Formen: **Ivar, Igor** (russ.)
Irene weibl. Vorn. griech. Ursprungs von »eiréne« (Name der Friedensgöttin)
Verbreitung: der Vorn. wurde in Deutschland durch die byzantinische Prinzessin Irene bekannt, die 1197 König Philipp von Schwaben heiratete
Andere Formen: **Ira; Ireen** (engl.); **Irena** (slaw.); **Irina** (russ.); **Irén** (ungar.); **Irène** (französ.); **Irka** (poln.)
Bekannte Namensträger: heilige Irene, byzantinische Märtyrerin (3./4. Jh.)
Namenstag: 1. und 3. April

Iris weibl., in der griech. Mythologie ist Iris die Botin der Götter; die starke Verbreitung lässt sich auch auf eine gleichnamige Blume zurückführen
Bekannte Namensträger: Iris Berben, deutsche Schauspielerin (geb. 1950)

Irmgard weibl., alter deutscher Vorn., Zusammensetzung aus german. »irmin« (groß) und »gard« (Schutz)
Verbreitung: zu der Verbreitung des Vorn. im Mittelalter trug maßgeblich die Verehrung der heiligen Irmgard von Süchteln (Köln) bei; Neubelebung durch die romantische Literatur im 19. Jh.
Andere Formen: **Irmengard, Irmingard; Imke, Imma, Imme** (fries.)
Bekannte Namensträger: Irmgard Keun, deutsche Schriftstellerin (1910 bis 1982); Irmgard Seefried, österr. Sängerin (1919 bis 1988)
Namenstag: 20. März, 16. Juli, 4. September

Irmtraud weibl., alter deutscher Vorn. aus german. »irmin« (groß) und »trud« (Kraft, Stärke)
Verbreitung: als Namenspatronin gilt auch hier die heilige Irmgard von Süchteln (Köln), da beide Namen fast gleichbedeutend sind
Andere Formen: **Imma, Imme, Irma, Irmentraud, Irmintraud, Irmtrud**

Isolde

Isaak männl., aus der Bibel übernommener Vorn. hebr. Ursprungs, eigentlich »er wird lachen«

Isabel weibl., span. und engl. Form zu Elisabeth oder hebr. »Isebel« (die Unberührte)
Verbreitung: dieser Vorn. wurde im Mittelalter in Deutschland durch span. und französ. Fürstinnen bekannt
Andere Formen: **Isobel, Isabe, Bella; Isabella; Isabelle** (französ.)
Bekannte Namensträger: Isabel Allende, chilen. Schriftstellerin (geb. 1942)
Namenstag: 22. Februar

Isabella/Isabelle weibl., Nebenform und französ. Nebenform zu Isabel

Ismael männl., aus der Bibel übernommener Vorn. hebr. Ursprungs, eigentlich »Gott hört«

Isolde weibl., vermutlich kelt., später auf Ishild bezogen, aus dem ahd. »isan« (Eisen) und »hiltja« (Kampf)
Verbreitung: der Vorn. wurde im Mittelalter vor allem durch die Sage von »Tristan und Isolde« bekannt
Andere Formen: **Isa; Isotta** (italien.)
Bekannte Namensträger: Isolde Kurz, deutsche Dichterin (1853 bis 1944)

Israel männl., aus der Bibel übernommener Vorn. hebr. Ursprungs, eigentlich »möge Gott schützen«

Ivo männl., engl. und ostfries. Vorn. deutschen Ursprungs, ahd. »iwa« (Bogen aus Eibenholz), auch slaw. Kurzform zu Ivan, Iwan, der russ. Form von Johannes
Verbreitung: maßgeblich durch die Verehrung des heiligen Ivo (13./14. Jh.), breton. Advokat und Priester, Schutzheiliger der Juristen
Andere Formen: **Iwe, Iwo; Yves** (französ.)
Bekannte Namensträger: heiliger Ivo, Bischof von Chartres (11./12. Jh.); Ivo Andric, serbokroat. Schriftsteller und Nobelpreisträger (1892 bis 1975)
Namenstag: 19. Mai, 23. Dezember

Werfen wir noch einen Blick
auf die heutige Namenwahl,
so wird zugegeben werden müssen,
dass dabei, wie schon seit langer Zeit,
nicht die Bedeutung der Namen,
sondern ihr äußerer Klang,
ihre Vornehmheit häufig den Ausschlag gibt.

Nathan Pulvermacher,
Berliner Vornamen (1902)

Jack männl., engl. Form zu Johannes; eventuell durch fläm. Wollweber im 15. Jh. in den Formen Jankin und Janekin nach England gebracht
Verbreitung: im engl. und amerikan. Sprachraum sehr oft gewählt
Andere Formen: **Jake, Jacky**
Bekannte Namensträger: Jack London, amerikan. Schriftsteller (1876 bis 1915); Jack Lemmon, amerikan. Filmschauspieler (1925 bis 2001)
Jacqueline weibl. Form zu Jacques
Jacques männl., französ. Form zu Jakob
Verbreitung: galt um 1900 als Adelsname, durch den Komponisten Jacques Offenbach verbreitet; heute im deutschsprachigen Raum nur selten gewählt
Bekannte Namensträger: Jean-Jacques Rousseau, französ. Philosoph (1712 bis 1778); Jacques Offenbach, deutschfranzös. Komponist (1819 bis 1880)
Jakob männl., Bedeutung unklar, eventuell zu hebr.

Jakoba

»ja'aqob« (Fersenhalter); Jakob war nach dem Alten Testament der jüngere Sohn Isaaks, das Neue Testament erwähnt zwei Apostel dieses Namens

Verbreitung: seit dem Spätmittelalter in der christlichen Welt als Apostelname verbreitet, heute selten gewählt

Andere Formen: **Jacob; Jacques** (französ.); **Jascha** (russ.); **James, Jim, Jimmi** (engl.); **Giacomo, Giacobbe** (italien.); **Jago, Jaime, Diego** (span.); **Jacub** (tschech.); **Jaap** (niederländ.); **Jockel, Jocki, Joggi** (schweiz.)

Bekannte Namensträger: Jakob Fugger, Gründer des Augsburger Handelshauses (1459 bis 1525); Jakob Grimm, Begründer der Germanistik (1785 bis 1863); Jakob Wassermann, deutscher Schriftsteller (1873 bis 1934)

Namenstag: 3. Mai, 25. Juli

Jakoba weibl. Form zu Jakob

Andere Formen: **Jakobea, Jakobina, Jakobine**

Jan männl., niederd., niederländ. und fries. Form zu Johannes

Verbreitung: sehr oft gewählt, vor allem in Norddeutschland

Andere Formen: **Jahn, Jann, Janpeter; Janek** (poln.); **Jannis** (fries.); **János, Janko** (ungar.)

Bekannte Namensträger: Jan van Eyck, niederländ. Maler (um 1390 bis 1441); Jan Kiepura, poln. Tenor (1902 bis 1966); Jan Ullrich, deutscher Radrennfahrer (geb. 1974)

Namenstag: 24. Juni

Jana weibl., tschech. Kurzform zu Johanna

Verbreitung: im Grenzgebiet zur früheren Tschechoslowakei und in der ehemaligen DDR häufiger gewählt

Andere Formen: **Janna; Janne; Janika** (bulgar.); **Janina** (poln.); **Janita** (slaw.); **Janka** (russ., bulgar., ungar.)

Janina/Janine weibl., poln. und russ. Form zu Johanna und eingedeutschte Schreibweise zu (italien.) Giannina

Andere Formen: **Jannina, Janna**

Jasmin weibl., pers. Name eines Zierstrauchs mit stark duftenden Blüten; der Gebrauch als weibl. Vorn. ist unter engl. und französ. Einfluss erst in jüngerer Zeit aufgekommen

Andere Formen: **Jasmina, Jasmine; Yasemin, Yasmin** (türk.)

Jennifer weibl., engl. Vorn., der auf kelt. Guenevere, den Namen von König Artus' Frau, zurückgeht, wahrscheinlich von walis. »gwyn« (weiß)

Andere Formen: **Jenifer, Jenni, Jennie, Jenny, Jinny, Ginnifer** (engl.); **Genève** (französ.); **Ginevra** (italien.)

Bekannte Namensträger: Jennifer Jones, amerikan. Schauspielerin (geb. 1919)

Namenstag: 31. Januar

Jasmin

Jenny weibl., engl. Kurzform zu Jennifer

Jens männl., fries. und dän. Form zu Johannes; vor allem im Norden weit verbreitet
Bekannte Namensträger: Jens Peter Jacobsen, dän. Dichter (1847 bis 1885)
Namenstag: 24. Juni

Jessica weibl., aus der Bibel übernommener Vorn. hebr. Ursprungs, eigentlich »er (Gott) schaut«; bekannt ist der Vorn. aus Shakespeares Drama »Der Kaufmann von Venedig«
Andere Formen: **Jessika** (schwed.) *Bekannte Namensträger:* Jessica Lange, amerikan. Schauspielerin (geb. 1949)

Jill weibl., engl. Kurzform zu Gillian, der engl. Form zu Juliane

Joachim männl., aus dem Hebr. übernommener Vorn., eigentlich »Jahwe (Gott) wird aufrichten«
Verbreitung: im Mittelalter durch die Verehrung des heiligen Joachim, Vater der Maria, verbreitet und in der Reformation neu belebt; um 1900 in Adelskreisen beliebt und durch Romane volkstümlich geworden
Andere Formen: **Achim, Jochen; Joakim** (skand.); **Akim** (russ.); **Kim** (bulgar., nord.); **Jokum** (dän.); **Joaquin** (span.); **Gioachino** (italien.); **Joaquim** (portug.)
Bekannte Namensträger: Joachim Ringelnatz, deutscher Schriftsteller und Kabarettist (1883 bis 1934); Joachim Fuchsberger, deutscher Showmaster (geb. 1927)
Namenstag: 26. Juli

Johann männl., seit dem Mittelalter geläufige Kurzform zu Johannes, meist mit zweitem Namen verbunden
Bekannte Namensträger: Johann Sebastian Bach, deutscher Musiker und Komponist (1685 bis 1750); Johann Wolfgang Goethe, deutscher Dichter (1749 bis 1832); die österr. »Walzerkönige« Johann Strauß (Vater: 1804 bis 1849, Sohn: 1825 bis 1899)

Johanna weibl. Form zu Johannes
Verbreitung: im Gegensatz zu Johann wurde Johanna erst im 17./18. Jh. volkstümlich; größte Verbreitung um 1900, heute nur selten gewählt
Andere Formen: **Hanna, Jo, Jopie, Nanne; Jane, Janet, Jenny, Jessie, Joan** (engl.); **Jana** (slaw.); **Jeanne, Jeannette** (französ.); **Jensine, Jonna** (dän.); **Joanna** (poln.); **Ivana, Iwanka** (russ.); **Jovanka** (serbokroat.); **Giovanna, Gianna** (italien.); **Juana, Juanita** (span.); **Joka** (fries.); **Janka** (ungar.) *Bekannte Namensträger:* Johanna von Orleans (Jungfrau von Orleans), französ. Nationalheldin (15. Jh.); Johanna Schopenhauer, deutsche Schriftstellerin (1766 bis 1838) *Namenstag:* 4. Februar, 30. Mai

Johannes männl., biblischer Vorn. von hebr. »jochanan« (Jahwe ist gnädig)
Verbreitung: starke Verbreitung in der christlichen Welt durch Johannes den Täufer; sehr häufig gewählt im 15./16. Jh. im oberd. Raum mit der Kurzform Hans; im 19. Jh. rückläufig, da der Vorn. als typischer Dienstbotenname galt; im 20. Jh. wieder stärker verbreitet
Andere Formen: **Hans, Jo, Johann; Jan** (niederländ., fries.); **Jean** (französ.); **Jens, Evan, Iven** (dän.); **Jack, John, Jonny** (engl.); **Ian** (schott.); **Evan, Sion** (walis.); **Sean** (irisch);

Jolanthe

Johan (schwed.); **Iwan** (russ.); **Giovanni, Gian, Gianni** (italien.); **Juan** (span.); **Janos** (ungar.); **Juhani** (finn.); **Ion** (rumän.); **Jovan** (slowen.)

Bekannte Namensträger: Johannes Gutenberg, Erfinder der Buchdruckerkunst (vor 1400 bis 1468); Johannes Kepler, deutscher Astronom (1571 bis 1630); Johannes Brahms, deutscher Komponist (1833 bis 1897); Johannes Rau, deutscher Politiker (geb. 1931)

Namenstag: 24. Juni, 4., 27. Dezember

Jolanthe weibl., aus dem Griech. übernommener Vorn., eigentlich »das Veilchen«, seit dem späten Mittelalter bekannt, heute selten gewählt

Andere Formen: **Iolanthe**

Jonas männl., aus der Bibel übernommener Vorn. hebr. Urprungs, eigentlich »die Taube«; der Prophet Jonas wird nach der Bibel von einem Wal verschlungen und dann wieder an Land gespien

Andere Formen: **Jona, Jon; Jonah, Jones** (engl.); **Giona** (italien.)

Jonas

Jonathan männl., aus der Bibel übernommener Vorn. hebr. Ursprungs, eigentlich »Jahwe (Gott) hat gegeben«; nach der Bibel ist Jonathan der älteste Sohn von König Saul, der im Kampf gegen die Philister fiel
Andere Formen: **Nat** (engl.); **Jonathas** (französ.); **Joanatan** (slaw.)
Bekannte Namensträger: Jonathan Swift, engl. Schriftsteller (1667 bis 1745)

Jörg männl., Nebenform zu Georg; der Vorn. war im 15./16. Jh. sehr beliebt und auch M. Luther benutzte »Junker Jörg« als Tarnnamen, als er sich auf der Wartburg versteckt hielt
Andere Formen: **Jürg, Jorg**
Bekannte Namensträger: Jörg Wickram, deutscher Schriftsteller (um 1505 bis 1560); Jörg Immendorf, deutscher Maler (geb. 1945)

Josefine weibl., Nebenform zu Josepha
Andere Formen: **Josephine, Fina, Fine, Josi, Finette; Josette, Josianne** (französ.); **Josina** (fries., niederländ.)
Bekannte Namensträger: Josephine Beauharnais, erste Gattin von Napoleon (1763 bis 1814); Josephine Baker, amerikan. Sängerin und Tänzerin (1906 bis 1975)

Joseph männl., aus der Bibel übernommener Vorn. hebr. Ursprungs, eigentlich »Gott möge vermehren«; nach der Bibel ist Joseph der elfte Sohn Jakobs
Verbreitung: seit dem Mittelalter als Name des Mannes der Maria und nicht als Name von Jakobs Sohn bekannt; erst im 18. Jh. war der Vorn. weit verbreitet und galt als typisch katholischer Vorn.; auch heute noch wird Joseph öfter gewählt

Josepha

Andere Formen: **Josef, Beppo, Josel, Jupp, Seppel; Joseph, Jose, Joe** (engl.); **José, Joseph, Josèphe** (französ.); **Giuseppe** (italien.); **José** (span.); **Josip** (slaw.); **Iosif, Ossip** (russ.); **Józef** (poln.); **Jussuf** (pers.)

Bekannte Namensträger: Joseph Haydn, österr. Komponist (1732 bis 1809); Joseph von Eichendorff, deutscher Schriftsteller (1788 bis 1857); Joseph Strauß, österr. Komponist (1827 bis 1870); Joseph Roth, österr. Schriftsteller (1894 bis 1939); Joseph Beuys, bildender Künstler (1911 bis 1986)

Namenstag: 19. März

Josepha weibl. Form zu Joseph

Andere Formen: **Peppa, Josefa, Josefine; Joséphine, Josette, Josiane** (französ.); **Fita, Pepita** (span.); **Giuseppe** (italien.)

Josua männl., aus der Bibel übernommener Vorn. hebr. Ursprungs, eigentlich »Jahwe (Gott) hilft«

Joy weibl., engl. Vorn., eigentlich »Freude«; als deutscher Vorn. seit 1968 gerichtlich zugelassen

Joyce weibl., engl. Vorn., wahrscheinlich von Jocelyn abgeleitet, einer Koseform eines mit dem ahd. »got« (Gott) gebildeten Vorn., und männl., engl. Kurzform zu Jodokus, kelt. »Krieger«

Judith weibl., aus der Bibel übernommener Vorn. zu hebr. »jehudith« (Gepriesene, Frau aus Jehud, Jüdin); nach den apokryphen Schriften im Alten Testament tötete Judith den assyrischen Feldherrn Holofernes und rettete damit ihre Vaterstadt Jerusalem

Verbreitung: seit dem Mittelalter vor allem in Adelskreisen

geläufig, im 19. Jh. zurückgehende Bedeutung, Neubelebung Ende des 19. Jh. durch Zeitungs- und Zeitschriftenromane, gegenwärtig oft gewählt
Andere Formen: **Judinta, Judintha, Juditha; Judy** (engl.)
Bekannte Namensträger: Kaiserin Judith, Ehegattin Ludwigs des Frommen (819 bis 843)
Namenstag: 22. Dezember

Julia weibl. Form zu Julius; bekannt wurde der Vorn. durch Shakespeares Drama »Romeo und Julia«
Andere Formen: **Juliane, Jule, Julie; Julienne, Juliette** (französ.); **Julischka** (ungar.); **Juliet** (engl.); **Giulia, Giulietta** (italien.); **Uljana** (russ.)
Bekannte Namensträger: Julia Migenes, amerikan. Sängerin (geb. 1949); Julia Roberts, amerikan. Schauspielerin (geb. 1967)
Namenstag: 22. Mai, 16. September

Julian männl., Nebenform zu Julius

Juliane weibl., Nebenform zu Julia; seit dem Mittelalter durch die Verehrung der heiligen Juliane von Lüttich (12./13. Jh.) verbreitet; im 20. Jh. durch die ehemalige Kö-

Romeo und Julia

nigin der Niederlande (1909 bis 2004) neu belebt und öfter gewählt
Bekannte Namensträger: Juliane Werding, deutsche Sängerin (geb. 1956)
Namenstag: 16. Februar, 7. August

Julius männl., aus dem Lat. übernommener Vorn., eigentlich ein röm. Herkunftsname (»der aus dem Geschlecht der Julier«)
Verbreitung: bekannt wurde der Vorn. durch den röm. Kaiser Flavius Claudius Julius Caesar (332 bis 363), dem zu Ehren der siebte Monat des Jahres Juli genannt wurde; viele Heilige und Päpste trugen diesen Vorn.; in Deutschland ist der Name im 16. Jh. zuerst in Adelskreisen aufgekommen, dann wurde er volkstümlich; heute werden die Neben- und Kurzformen bevorzugt
Andere Formen: **Julian, Julianus, Jul; Julien, Jules** (französ.); **Giuliano, Giulio, Luglio** (italien.); **Julio** (span.); **Gyula** (ungar.)
Bekannte Namensträger: Papst Julius II., Förderer von Michelangelo und Raffael, Erbauer der Peterskirche in Rom (1443 bis 1513); Julius Döpfner, Münchener Kardinal und Erzbischof (1913 bis 1976); Julius Hackethal, deutscher Arzt und Chirurg (1921 bis 1997)
Namenstag: 12. April

Jürgen männl., niederd. Form zu Georg
Andere Formen: **Jürn; Jörn** (fries.)
Bekannte Namensträger: Jürgen von der Lippe, deutscher Schauspieler und Fernsehunterhalter (geb. 1948); Jürgen Habermas, deutscher Philosoph und Soziologe (geb. 1929)

Jutta weibl., altnord. Vorn. zu den ahd. Namen Jiute, Jut, Jot (die Jütin, aus dem Volk der Jüten)
Andere Formen: **Idita, Itta, Ita, Juthe, Jutte; Jytte** (dän.)
Bekannte Namensträger: die selige Jutta, Erzieherin der heiligen Hildegard von Bingen (11./ 12. Jh.)
Namenstag: 22. Dezember

Wer einen Namen hat,
ist noch nicht.
Gefäß ist noch kein Trank.

Hans Ossenbach

Kai männl. und weibl. Vorn., Herkunft und Bedeutung unklar; eventuell aus dem Nord. übernommene Kurzform zu Katharina oder aus dem ahd. »kamph« (Kampf, Streit)
Verbreitung: im deutschen Sprachraum durch Andersens Märchen »Die Schneekönigin« bekannt geworden; gilt heute als modisch; eindeutiger Zweitname erforderlich
Andere Formen: **Kaie, Kay; Kaj** (dän.)

Kai

Kajetan männl., Vorn. lat. Ursprungs, der auf den Namen des heiligen Kajetan (der aus der Stadt Gaeta) zurückgeht
Andere Formen: **Gaétan** (französ.); **Gaetano** (italien.)
Bekannte Namensträger: heiliger Kajetan von Thiene, Gründer des Theatinerordens (15./16. Jh.)
Namenstag: 7. August

Kamill männl., aus dem lat. »camillus« (ehrbar, edel, aus unbescholtener Ehe, frei geboren)
Andere Formen: **Kamillo**

Kamilla weibl. Form zu Kamill

Karin weibl., aus dem Nord. übernommener Vorn.; Kurzform zu Katharina
Verbreitung: durch die schwed. Literatur seit der Jahrhundertwende im deutschsprachigen Raum bekannt, seit etwa 1940 sehr oft gewählt
Andere Formen: **Carin, Karina; Kari** (norweg.); **Karen** (dän.); **Kareen** (irisch)

Karl männl., aus dem ahd. »karal« (Mann, Ehemann) und aus dem mittelniederd. »kerle« (freier Mann nichtritterlichen Standes)
Verbreitung: Kaiser- und Königsname im Mittelalter, danach als Heiligenname verbreitet; seit dem 19. Jh. volkstümlich und oft gewählt
Andere Formen: **Charles** (engl., französ.); **Carlo** (italien.); **Carlos** (span.); **Karel** (niederländ., tschech.); **Karol** (poln.); **Carol** (rumän.); **Károly** (ungar.)
Bekannte Namensträger: Karl der Große, deutscher Kaiser (742 bis 814); Karl Marx, Klassiker des Sozialismus (1818 bis 1883); Karl May, deutscher Schriftsteller (1842 bis

Karla

1912); Karl Valentin, deutscher Komiker (1882 bis 1948); Karl Lagerfeld, deutscher Modeschöpfer (geb. 1938)
Namenstag: 4. November

Karla weibl. Form zu Karl *Andere Formen:* **Carla, Karola**

Karolin weibl., deutsche Weiterbildung von Carola oder Karola
Andere Formen: **Karolina, Karoline**

Kasimir männl., aus dem slaw. »kaza« (verkünden, zeigen) und »mir« (Friede)
Bekannte Namensträger: heiliger Kasimir, Schutzpatron Polens (15. Jh.); Kasimir Edschmid, deutscher Schriftsteller (1890 bis 1966)

Kaspar männl., aus dem pers. »kandschwar« (Schatzmeister); Kaspar wurde der Mohr unter den Heiligen Drei Königen genannt
Verbreitung: seit dem Mittelalter im deutschsprachigen Raum bekannt; durch die Dreikönigsspiele wurde der Mohr allmählich zur lustigen Figur (Kasper, Kasperletheater), was zu einer Abwertung des Namens führte

Andere Formen: **Jasper, Caspar** (engl.); **Gaspar, Gaspard** (französ.); **Gaspare, Gasparo** (italien.); **Jesper** (dän.); **Gáspár** (ungar.)

Bekannte Namensträger: Kaspar Hauser, Name eines Findelkindes (1812 bis 1833) mit ungeklärter (möglicher-

Katharina

weise adliger) Abstammung, dessen Lebensschicksal und Ermordung immer wieder untersucht worden sind; Gegenstand zahlreicher literarischer Gestaltungen

Kassandra weibl. Vorn. griech. Ursprungs, Bedeutung unklar; Kassandra warnte die Trojaner vergeblich vor dem Untergang Trojas

Kastor männl. Vorn. griech. Ursprungs, eigentlich »der Ausgezeichnete« oder »Biber«; in der griech. Mythologie Sohn des Zeus und der Leda
Andere Formen: **Castor**

Katharina weibl., Umdeutung des griech. Vorn. Aikaterine nach »katharós« (rein)
Verbreitung: im Mittelalter durch mehrere Heilige verbreitet, besonders als Name der heiligen Katharina von Alexandria; im 19. Jh. rückläufig; heute wieder sehr oft gewählt
Andere Formen: **Ina, Kai, Kaja, Käthe, Kathrein, Kati, Katrin, Kathrin, Kathrina, Katharine, Netti, Tinka; Jekaterina, Katinka, Katina, Katja, Nina** (russ.); **Karin, Karen** (schwed., dän.); **Catherine, Kathleen, Kate** (engl.); **Kata, Katka, Katalin, Katalyn** (ungar.); **Kaarina** (finn.); **Katrischa** (bulgar.); **Cathérine** (französ.); **Caterina, Rina** (italien.); **Catalina** (span.); **Katrijn** (niederländ.); **Katarzyna** (poln.); **Katina** (neugriech.)
Bekannte Namensträger: Katharina von Bora, Frau von Martin Luther (1499 bis 1552); Katharina von Medici, Königin von Frankreich (1519 bis 1589); Katharina die Große, russ. Zarin (1729 bis 1796); Katarina Witt, deutsche Eiskunstläuferin (geb. 1965)
Namenstag: 29. April, 25. November

Kathrin/Katrin weibl., oberd. Kurzform zu Katharina
Andere Formen: **Cathrin, Catrin, Catrina, Kathrein**
Katja weibl., russ. Kurzform zu Katharina
Andere Formen: **Katia**
Bekannte Namensträger: Katja Seizinger, deutsche Skirennläuferin (geb. 1972); Katja Riemann, deutsche Schauspielerin (geb. 1963)
Keith männl., engl. Vorn., ursprünglich ein schott. Familienname (Wind, zugige Stelle) oder gäl. »der vom Schlachtfeld«
Bekannte Namensträger: Keith Richards, engl. Rockmusiker (geb. 1943)
Kenneth männl., engl. Vorn. kelt. Herkunft (hübsch, tüchtig, flink)
Andere Formen: **Ken**
Kermit männl., angloamerikan. Vorn. kelt. Ursprungs (freier Mann); bekannt durch die gleichnamige Froschfigur aus der Fernsehserie »Sesamstraße«
Kerry männl., engl.-irischer Vorn. kelt. Ursprungs (der Finstere); weibl., irische Koseform zu Katharina
Kerstin weibl., aus dem Schwed. übernommen, Nebenform zu Christine
Andere Formen: **Kersti, Kerstina, Kerstine**
Kevin männl., engl.-irischer Vorn. zu altirisch »coemgen« (anmutig, hübsch von Geburt)
Bekannte Namensträger: Kevin Costner, amerikan. Schauspieler (geb. 1955) *Namenstag:* 6. Juni
Kim männl., engl.-irischer Vorn. kelt. Ursprungs (Kriegs-

anführer) sowie bulgar., mazedon. und nord. Kurzform zu Joachim und weibl., engl. und amerikan., vermutlich Kurzform von Kimberley, aus dem Altengl., eigentlich »die von der Weide des Königspalasts«; bekannt durch die amerikan. Schauspielerin Kim Nowak und die engl. Rocksängerin Kim Wilde; eindeutiger Zweitname erforderlich

Kirsten weibl., dän.-schwed. Nebenform zu Christine (seit 1973 nur noch als weibl. Vorn. zugelassen)
Andere Formen: **Kirstin, Kirsti**

Klara weibl., Vorn. lat. Ursprungs »clarus« (laut, hell, leuchtend)
Verbreitung: seit dem Mittelalter bekannt, um 1900 sehr verbreitet, gegenwärtig seltener gewählt
Andere Formen: **Clara, Kläre, Klarina, Klarissa; Claire** (französ.); **Clare** (engl.); **Chiara** (italien.); **Claartje** (niederländ.); **Clará** (span.)
Namenstag: 11. August

Klaus männl., Kurzform zu Nikolaus
Verbreitung: seit dem Mittelalter geläufig, aber erst im 20. Jh. volkstümlich geworden und sehr verbreitet
Andere Formen: **Claus**
Bekannte Namensträger: Klaus Störtebecker, Seeräuber (hingerichtet 1402); Klaus von Dohnanyi, deutscher Politiker (geb. 1928); Klaus Kinski, deutscher Schauspieler (1926 bis 1991)

Klodwig männl., altfränk. Vorn.; bekannter ist die neuere Form Ludwig

Knut männl., aus dem Nord. übernommener Vorn., der seinerseits aus dem ahd. »chnuz« (waghalsig, vermessen) stammt, oder nord., eigentlich »aus edlem Geschlecht«

Verbreitung: seit dem Mittelalter im gesamten deutschen und nord. Sprachgebiet verbreitet, heute selten gewählt
Andere Formen: **Knud** (dän.)
Bekannte Namensträger: Knut Hamsun, norweg. Dichter (1859 bis 1952) *Namenstag:* 10. Juli

Kolman männl., aus dem Kelt. (der Einsiedler); von irischen Mönchen nach Deutschland gebracht
Andere Formen: **Koloman; Kálmán** (ungar.)

Konrad männl., aus dem ahd. »kuoni« (kühn) und »rat« (Ratgeber)
Verbreitung: im Mittelalter Fürstenname; aufständische Bauern im 16. Jh. nannten sich »Armer Konrad«; heute selten gewählt
Andere Formen: **Conny, Kuno, Kunz, Konz, Conz, Kord, Keno, Conrad, Kurt; Konni** (finn.); **Corrado** (italien.); **Kort** (dän.); **Curadin** (rätorom.); **Koenraad** (niederländ.); **Kondrat** (russ.)
Bekannte Namensträger: Konrad Duden, Vereinheitlicher der deutschen Rechtschreibung (1829 bis 1911); Konrad Lorenz, Verhaltensforscher und Nobelpreisträger (1903 bis 1989); Konrad Adenauer, erster deutscher Bundeskanzler (1876 bis 1967)
Namenstag: 21. April, 26. November

Knut

Konstantin männl., aus dem lat. »constans« (standhaft)
Verbreitung: seit dem Mittelalter als Name Kaiser Konstantins des Großen bekannt; gilt heute wieder als modern
Andere Formen: **Kosta, Kostja** (slaw.); **Constantine** (engl.); **Constantin** (französ.); **Constantino** (italien.); **Szilárd** (ungar.)
Bekannte Namensträger: Konstantin Wecker, deutscher Liedermacher (geb. 1947)
Namenstag: 21. Mai

Konstantine weibl. Form zu Konstantin
Andere Formen: **Constantina** (lat.)

Konstanze weibl. Vorn. lat. Ursprungs von »constantia« (Beständigkeit, Standhaftigkeit)
Verbreitung: seit dem Mittelalter im deutschen Sprachraum bekannt, im 18. Jh. durch französ. und italien. Einfluss wieder in Mode gekommen, vor allem in Österreich und in Bayern
Andere Formen: **Constance** (französ., engl.); **Constanze** (italien.)
Namenstag: 18. Februar

Kora weibl., aus dem griech. »kore« (Mädchen, Tochter) oder Kurzform zu Cornelia, Cordula, Cordelia
Andere Formen: **Korinna, Corinna**

Korbinian männl., Herkunft und Bedeutung unklar, eventuell zu lat. »corvinius« (Rabe) oder kelt., eigentlich »Streitwagenfahrer«
Bekannte Namensträger: heiliger Korbinian, einer der ersten Missionare in Deutschland (um 675 bis 725)
Namenstag: 20. November

Korinna weibl., Nebenform zu Kora

Kreszentia weibl., aus dem lat. »crescentia« (Wachstum, Aufblühen)
Andere Formen: **Kreszenz, Creszentia, Senta, Zenta**

Kriemhilde weibl., aus dem ahd. »grim« (Maske) und »hiltja« (Kampf); durch das Nibelungenlied bekannt, selten gewählt
Andere Formen: **Krimhilde**

Krishna männl. und weibl., nach dem indischen Gott Krishna (der Schwarze) oder »der/die Entzückende«
Andere Formen: **Krischna**

Kunigunde weibl., aus dem ahd. »kunni« (Sippe) und »gund« (Kampf); beliebter Fürstinnen- und Heiligenname des Mittelalters
Andere Formen: **Gundel, Kuni, Kunza, Konne**
Namenstag: 3. März

Kurt männl., Kurzform zu Konrad
Andere Formen: **Curd, Curt**
Bekannte Namensträger: Kurt Tucholsky, deutscher Schriftsteller (1890 bis 1935)

Kyra weibl., aus dem griech. »Kyrene« (Frau aus Kyrenaika)
Andere Formen: **Khira, Kira (russ.)**

Kora

 Namen – damit hat es eine sehr mysteriöse Bewandtnis. Ich bin mir nie ganz klar darüber geworden, ob der Name sich nach dem Kinde formt oder sich das Kind verändert, um zum Namen zu passen. Eines ist sicher: Wenn ein Mensch einen Spitznamen hat, so ist das ein Beweis dafür, dass der ihm gegebene Taufname unrichtig war.

John Steinbeck, Jenseits von Eden

Ladislaus männl., slaw. Form zu der latinisierten Form Wladislaus, slaw. »vladi« (Herrschaft, Macht) und »slava« (Ruhm)
Andere Formen: **Lado; László** (ungar.); **Ladek** (poln.)
Bekannte Namensträger: Ladislaus, König von Ungarn und Kroatien (1043 bis 1095), 1192 heilig gesprochen
Ladislava weibl. Form zu Ladislaus
Laila weibl., aus dem Finn., wahrscheinlich umgebildet aus Aila, einer nord. Form zu Helga, oder eine Nebenform zu Leila
Lambert männl., aus dem ahd. »lant« (Land) und »beraht« (glänzend)
Verbreitung: seit dem Mittelalter durch die Verehrung des heiligen Lambertus, Bischof von Maastricht, bekannt geworden; heute nur vereinzelt gewählt
Andere Formen: **Lampert, Lambrecht, Lamprecht**
Bekannte Namensträger: Lambert von Hersfeld, deutscher Geschichtsschreiber (11. Jh.)
Namenstag: 17. September

Lamberta weibl. Form zu Lambert
Andere Formen: **Lambertine**

Landolf männl., aus dem ahd. »lant« (Land) und »wolf« (Wolf)
Andere Formen: **Landulf**

Landolt männl., aus dem ahd. »lant« (Land) und »waltan« (walten, herrschen)

Lara weibl., russ. Form zu Laura; im deutschen Sprachraum durch die Lara im Roman »Doktor Schiwago« von Boris Pasternak bekannt geworden

Larissa weibl., aus dem Griech. (Frau aus Larissa); gegenwärtig zunehmend gewählt

Lars männl., schwed. Kurzform zu Laurentius; seit dem 16. Jh. verbreitet; vor allem in Norddeutschland und in Skandinavien oft gewählt
Andere Formen: **Lasse** (schwed.)
Namenstag: 10. August

Laura weibl., italien. Kurzform zu Laurentia
Verbreitung: seit dem 14. Jh. im deutschsprachigen Raum bekannt; in Dichtung und Literatur immer wieder als verklärender Tarnname für die unerreichbare oder ungenannte Geliebte (Petrarca, Schiller, Freytag)
Andere Formen: **Lauretta** (italien.); **Laurette, Laure** (französ.); **Laureen; Laurie** (engl.); **Lara** (russ.); **Lale** (skand.)
Bekannte Namensträger: heilige Laura von Cordova, Mär-

tyrerin (1304 bis 1374); Laura Biagiotti, italien. Modeschöpferin (geb. 1944)
Namenstag: 21. Juli, 10. August

Laurentia weibl. Form zu Laurentius
Andere Formen: **Laura; Laureen, Lauren, Laurena** (engl.); **Laurence** (französ.); **Lorenza** (italien.); **Laureina** (niederländ.); **Larsina, Laurense, Laurine** (norweg.); **Laurencia** (ungar.)

Laurentius männl., »der aus der Stadt Laurentium Stammende«, zu dem lat. »laurus« (Lorbeer, der Lorbeergeschmückte)
Verbreitung: der Vorn. wurde durch den heiligen Laurentius, röm. Diakon und Märtyrer, bekannt und war im Mittelalter sehr beliebt
Andere Formen: **Lenz, Renz, Laure, Laurenz, Lorenz; Lars, Laurens** (schwed.); **Loris, Enz, Enzeli** (schweiz.); **Laurence, Lawrence; Larry,** (engl.); **Laurent** (französ.); **Lorenzo, Renzo, Rienzo** (italien.); **Laurids** (dän.); **Lavrans, Lauri** (norweg.); **Lavrentj** (russ.); **Lörinc** (ungar.)
Bekannte Namensträger: heiliger Laurentius Justiniani, Bischof von Venedig (14./15. Jh.); Laurentius von Schnüffis, deutscher Dichter (1633 bis 1702)
Namenstag: 21. Juli, 10. August

Lavina weibl., aus der griech. Mythologie, in der Lavina die Tochter des Königs von Latium und Gattin des Äneas ist; vielleicht lat. »die aus der Stadt Lavinium Stammende«
Andere Formen: **Lavinia**

Lazar männl., aus der Bibel übernommener Vorn. hebr. Ursprungs von »eleasar« (Gott ist Helfer oder Gott hilf)
Andere Formen: **Lazarus; Lazare** (französ.); **Lazaro** (italien., span.)

Lea weibl., aus der Bibel übernommener Vorn. hebr. Ursprungs, eigentlich »die sich vergeblich bemüht« oder »Wildkuh«; im Alten Testament war Lea die erste Frau Jakobs; seit dem 16. Jh. im deutschen Sprachraum bekannt
Andere Formen: **Lia** *Namenstag:* 22. März

Leda weibl., aus der griech. Mythologie übernommener Vorn.; vielleicht von dem lykischen »Lada« (Frau); nach der griech. Sage war Leda die Mutter des Kastor, Polydeukes und der Klytämnestra; Zeus näherte sich ihr in Gestalt eines Schwans und überwältigte sie

Leif männl., aus dem Norweg. übernommener Vorn., eigentlich »Erbe, Sohn«

Leila weibl. Vorn. pers. Ursprungs (Dunkelheit, Nacht), nach dem Zweiten Weltkrieg in Deutschland durch die Schlagersängerin Leila Negra bekannt geworden
Andere Formen: **Laeyla, Leyla; Leilah** (engl.)

Lelia weibl., zu dem lat.-niederländ. »lilium« (Lilie), italien. weibl. Form zu Lelio (italien. Kurzform zu Aurelius) oder aus dem griech. »lálos« (gesprächig); bekannt durch den Roman »Lelia« (1833) von George Sand

Lena weibl., Kurzform zu Helene und Magdalene
Andere Formen: **Lene, Leni; Lenka** (slaw.)
Bekannte Namensträger: Lena Christ, deutsche Schriftstellerin (1881 bis 1920) *Namenstag:* 22. Juli, 18. August

Leonhard männl., aus dem lat. »leo« (Löwe) und dem ahd. »harti« (hart)

Verbreitung: seit dem Mittelalter als Name des heiligen Leonhard (6. Jh.) bekannt
Andere Formen: **Leo, Leon, Lienhard, Lenhard, Leonard, Leonz, Lenz; Len, Lenny** (engl.); **Léonard** (französ.); **Leonardo** (italien.); **Lennart** (schwed.)
Bekannte Namensträger: Leonhard Euler, schweiz. Mathematiker (1707 bis 1783); Leonhard Frank, deutscher Schriftsteller (1882 bis 1961)
Namenstag: 6. November

Leonharda weibl. Form zu Leonhard

Leoni weibl. Form zu Leo oder Leon (Kurzform zu Leonhard)
Andere Formen: **Leonia, Leonie**
Bekannte Namensträger: Leonie Ossowski, deutsche Schriftstellerin (geb. 1925)

Leonid männl., russ. Form zum griech. Leonidas (der Löwengleiche)

Leonhard

Leonida

Bekannte Namensträger: Leonid Iljitsch Breschnew, russ. Politiker (1906 bis 1983)

Leonida weibl. Form zu Leonid

Leontine weibl., aus dem lat. »leontinus« (löwenhaft); um 1900 durch jüdische Familien in den deutschen Sprachraum eingeführt *Andere Formen:* **Leontyne** (engl.)
Bekannte Namensträger: Leontyne Price, amerikan. Opernsängerin (geb. 1927)

Leopold männl., aus dem ahd. »liut« (Volk) und »bald« (kühn)
Verbreitung: alter deutscher Adelsname; durch die Verehrung des heiligen Leopold, Markgraf von Österreich im 15. Jh., stärker verbreitet
Andere Formen: **Lebold, Leupold, Lippold, Pold, Poldi, Polt; Léopold** (französ.); **Leopoldo, Poldo** (italien.)
Bekannte Namensträger: Leopold von Anhalt-Dessau, »Alter Dessauer« (1693 bis 1747); Leopold von Ranke, deutscher Historiker (1795 bis 1886)
Namenstag: 15. November

Leopolda weibl. Form zu Leopold
Andere Formen: **Leopolde, Leopoldine**

Leslie männl. und weibl., engl. Vorn. schott. Ursprungs (aus einem Ortsnamen Aberdeenshires entstanden); seit Ende des 19. Jh. bekannt, eindeutiger Zweitname erforderlich

Lester männl., engl. Vorn., der aus dem Ortsnamen Leicester hervorgegangen ist, vielleicht lat., eigentlich »der aus dem Legionärslager«

Levi männl., aus der Bibel übernommener Vorn. hebr. Ursprungs von »levi« (anhänglich, dem Bund zugetan)

Liborius männl., Herkunft und Bedeutung unklar; vielleicht lat. »frei« oder griech. »Gott opfern«; Verbreitung des Namens durch den heiligen Liborius, Bischof von Le Mans (4. Jh.)
Andere Formen: **Bories, Borries, Börries**
Namenstag: 23. Juli

Libussa weibl., aus dem Slaw. (Liebling); der Name wurde im deutschen Sprachraum durch Libussa, die sagenhafte böhm. Königin und Gründerin Prags bekannt
Andere Formen: **Libusa**

Liebgard weibl., aus dem ahd. »liob« (lieb) und »gard« (Hort, Schutz)

Liebhard männl., aus dem ahd. »liob« (lieb) und »harti« (hart)
Andere Formen: **Liebhart**

Liebtraud weibl., aus dem ahd. »liob« (lieb) und »trud« (Kraft, Stärke)
Andere Formen: **Liebetraud, Liebtrud**

Lilian weibl., engl. Vorn., vermutlich Weiterbildung zu Lilly, einer Koseform zu Elisabeth
Bekannte Namensträger: Lilian Harvey, deutsche Filmschauspielerin engl. Herkunft (1907 bis 1968)

Liliane weibl., vermutlich eingedeutschte Form zu Lilian
Andere Formen: **Liliana**

Linda weibl., Kurzform zu Vorn., die mit »-lind, -linda« gebildet sind; zum ahd. »linta« (Schutzschild aus Lindenholz) *Bekannte Namensträger:* Linda de Mol, niederländ. Fernsehmoderatorin (geb. 1964)

Linus männl., Herkunft und Bedeutung unklar, wahrscheinlich griech. »Klagegesang«
Verbreitung: bekannt wurde der Vorn. durch den heiligen Linos, der laut kirchlichen Überlieferungen erster Nachfolger von Petrus als Bischof von Rom war (1. Jh.)
Bekannte Namensträger: Linus Carl Pauling, amerikan. Chemiker und Friedensnobelpreisträger (1901 bis 1994)
Namenstag: 23. September

Lisa weibl., Kurzform zu Elisabeth; bekannt durch Leonardo da Vincis »Mona Lisa«
Andere Formen: **Liesa**

Liv weibl., aus dem altisländ. »hlif« (Wehr, Schutz)
Bekannte Namensträger: Liv Ullmann, schwed. Schauspielerin (geb. 1938)

Lisa

Livia weibl. Form zu Livius
Bekannte Namensträger: Livia Drusilla, Gattin des Kaisers Augustus (1. Jh. v. Chr.)

Livius männl., aus dem Lat., eigentlich »der aus dem röm. Geschlecht der Livier«

Bekannte Namensträger: Livius, röm. Geschichtsschreiber (59 v. Chr. bis 17 n. Chr.)

Lothar aus dem ahd. »hlut« (laut, berühmt) und »heri« (Heer)
Verbreitung: fränk. Adelsname, Name von Kaisern und Königen; seit 1900 wieder modern und auch heute noch oft gewählt
Andere Formen: **Lotar, Lüder**
Bekannte Namensträger: Lothar I., Sohn Ludwigs des Frommen und fränkischer Kaiser (8./9. Jh.); Lothar Franz Graf von Schönborn, Erzbischof und Kurfürst von Mainz (17./18. Jh.); Lothar Matthäus, deutscher Fußballspieler (geb. 1961)
Namenstag: 15. Juni, 29. Dezember

Lotte weibl., Kurzform zu Charlotte
Verbreitung: durch Goethes »Die Leiden des jungen Werthers« sehr beliebter Vorn., im 19. Jh. volkstümlich geworden, heute noch verbreitet
Andere Formen: viele Doppelnamen (z. B. **Lottelies, Lieselotte**); **Lotti, Lotty**
Bekannte Namensträger: Lotte Lehmann, deutsche Sängerin (1888 bis 1976); Lotte Lenya, österr. Sängerin, Schauspielerin, Frau von Kurt Weill (1900 bis 1981)

Lucia weibl. Form zu Lucius
Andere Formen: **Lucie, Luca, Luc, Luce, Lucy**

Lotte

Lucienne weibl. Form zu Lucien, einer französ. Form zu Lucius

Lucius männl., aus dem Lat., eigentlich »der Leuchtende, der bei Tagesanbruch Geborene« *Andere Formen:* **Luzius, Lucian; Lucien** (französ.); **Lucio** (italien.)
Bekannte Namensträger: Lucius Cornelius Sulla, röm. Feldherr (138 bis 78 v. Chr.)

Ludmilla weibl., aus dem Slaw. »ljud« (Volk) und »mili« (lieb, angenehm)
Verbreitung: durch die heilige Ludmilla, Landespatronin Böhmens (9./10. Jh.)
Namenstag: 15. September

Ludwig männl., aus dem ahd. »hlut« (laut, berühmt) und »wig« (Kampf)
Verbreitung: seit dem 5. Jh. im deutschen Sprachraum bekannt, seit dem Mittelalter sehr verbreitet und auch heute noch gelegentlich gewählt
Andere Formen: **Lu, Lude, Lutz, Lüder; Louis** (französ.); **Lajos** (ungar.); **Ludovico, Luigi** (italien.); **Ladewig, Lodewik** (niederd.); **Lewis** (engl.); **Lowik** (niederländ.); **Luis** (span.)
Bekannte Namensträger: Ludwig XIV., französ. »Sonnenkönig« (1638 bis 1715); Ludwig Tieck, romantischer Dichter (1773 bis 1853); Ludwig van Beethoven, deutscher Komponist (1770 bis 1827); Ludwig Thoma, deutscher Schriftsteller (1867 bis 1921); Ludwig Erhard, deutscher Politiker und Bundeskanzler (1897 bis 1977)
Namenstag: 25. August

Ludwiga weibl. Form zu Ludwig
Andere Formen: **Ludovika, Ludowika, Ludwika; Ludovica** (italien.)

Luisa weibl.Form zu Luis, der span. und rätorom. Form von Ludwig
Andere Formen: **Luise, Louise, Louiselle** (französ.)

Luitberga weibl., aus dem ahd. »liut« (Volk) und »berga« (Schutz, Zuflucht)
Andere Formen: **Luitburga**

Luitbert männl., aus dem ahd. »liut« (Volk) und »beraht« (glänzend)
Andere Formen: **Luitbrecht**

Luitfried männl., aus dem ahd. »liut« (Volk) und »fridu« (Friede)

Luitger männl., aus dem ahd. »liut« (Volk) und »ger« (Speer)
Andere Formen: **Ludger**

Luithard männl., aus dem ahd. »liut« (Volk) und »harti« (hart)

Luitolf männl., aus dem ahd. »liut« (Volk) und »wolf« (Wolf)
Andere Formen: **Luidolf**

Lukas männl., aus dem Lat. (der aus Lucania Stammende); der Name des Evangelisten Lukas war ausschlaggebend für die Verbreitung
Andere Formen: **Lux, Luc** (französ.); **Luke** (engl.); **Lukasz** (poln.); **Luca** (italien.)

Bekannte Namensträger: Lucas Cranach der Ältere, deutscher Maler (1472 bis 1553); Lucas Cranach der Jüngere, deutscher Maler (1515 bis 1586)
Namenstag: 18. Oktober

Lutz männl., Nebenform zu Ludwig

Lydia weibl., aus dem Griech. (die aus Lydien Stammende); die heilige Lydia wurde von Paulus in Philippi getauft (sie gilt als erste Christin Europas)
Andere Formen: **Lidia, Liddy, Lidda, Lida, Lide, Lyda**
Namenstag: 3. August

Lysander männl., aus dem griech. »lysis« (Freilassung) und »andros« (Mann); geht zurück auf den spartanischen Feldherrn Lysandros (gest. 395 v. Chr.), der den Peloponnesischen Krieg beendete

Nur der ist tot, der keinen guten Namen hinterlässt.
Persisches Sprichwort

Magdalena weibl., aus der Bibel übernommener Vorn. hebr. Ursprungs (die aus Magdala Stammende); Maria Magdalena war nach der Bibel eine der treuesten Jüngerinnen Jesu; sie stand an seinem Kreuz und entdeckte als Erste am Ostermorgen sein leeres Grab
Verbreitung: früher im gesamten deutschsprachigen Raum sehr stark verbreitet, vor allem als Doppelname Maria Magdalena, seit etwa 1960 zurückgehend und nur noch selten gewählt
Andere Formen: **Lena, Lene, Leni, Lenchen, Magda, Madina, Madlen, Magdalene; Malen, Maleen, Malena** (bask., nord.); **Magdalen, Madeline, Mady, Maddy, Maud, Maudlin, Maudin** (engl.); **Madeleine, Madlon, Magalonne** (französ.); **Maddalena, Madelena** (italien.); **Magdelone, Madel, Magli, Malene** (norweg.); **Madelena** (span.); **Malin** (schwed.); **Madlenka, Lenka** (slaw.); **Magdelina, Madelina** (russ.); **Magdolna, Aléna** (ungar.)
Namenstag: 22. Juli

Maik männl., eingedeutschte Schreibweise zu Mike, einer engl. Form von Michael
Andere Formen: **Meik**

Maike weibl., fries. Form zu Maria
Andere Formen: **Maiken, Meike**

Maja weibl., aus dem lat. »maja, majesta« (Name einer röm. Göttin des Wachstums, daher auch unser Monatsname Mai) oder aus dem indischen »maya« (Täuschung) oder Kurzform zu Maria; allgemein bekannt wurde der Name durch W. Bonsels Erzählung »Die Biene Maja und ihre Abenteuer« (1912); heute nur selten gewählt
Andere Formen: **Majella**

Maja

Malinda weibl., angloamerikan. Vorn., vielleicht Nebenform zu Magdalena oder griech. »die Zarte« oder altengl. »die Vornehme, Edle«

Malte männl., aus dem Dän. übernommener Vorn., bekannt wurde der Vorn. 1910 durch R. M. Rilkes Roman »Die Aufzeichnungen des Malte Laurids Brigge«; gegenwärtig wird der Vorn. in Norddeutschland öfter gewählt

Malwine aus den Ossian-Gesängen des Schotten J. Macpherson übernommener Vorn., vielleicht gäl. »feine Braue« oder zu ahd. »mahal« (Gerichtsplatz) und »wini« (Freund)
Verbreitung: durch die Ossian-Verehrung Goethes, Klop-

stocks und Herders in Deutschland eingebürgert, heute ungebräuchlich
Andere Formen: **Malvine, Malwida, Malve**
Mandy weibl., engl. Kurzform zu Amanda
Manfred aus dem ahd. »man« (Mann) und »fridu« (Friede)
Verbreitung: bekannt wurde der Vorn. durch den Stauferkönig Manfred von Sizilien im 13. Jh.; um 1900 galt Manfred als ausgesprochener Adelsname, heute seltener gewählt
Andere Formen: **Manfried; Manfredo** (italien.)
Bekannte Namensträger: Manfred Freiherr von Richthofen, Kampfflieger im Ersten Weltkrieg und als »Roter Baron« bekannt (1892 bis 1918); Manfred Rommel, Oberbürgermeister von Stuttgart (geb. 1928); Manfred Krug, deutscher Schauspieler (geb. 1937)
Namenstag: 28. Januar
Manuel männl., Kurzform und span. Form zu Emanuel
Andere Formen: **Manuele** (italien.); **Manolo, Manolito** (span.); **Manuil** (russ.)
Namenstag: 1. Oktober
Manuela weibl. Form zu Emanuel
Andere Formen: **Manuella**
Marc männl., französ. Form zu Markus
Andere Formen: **Mark**
Bekannte Namensträger: Marc Chagall, russ.-französ. Maler (1887 bis 1985); Mark Twain, amerikan. Schriftsteller (1835 bis 1910)
Namenstag: 25. April
Marcel männl., französ. Form zu Marcellus, einer erweiterten Form zu Markus

Marcella

Andere Formen: **Marceau, Marcellin, Marzellus, Marzellinus, Linus; Marcello** (italien.)

Bekannte Namensträger: heiliger Marcellinius, Papst (4. Jh.); Marcel Proust, französ. Schriftsteller (1871 bis 1922); Marcel Reich-Ranicki, deutscher Literaturkritiker (geb. 1920); Marcel Marceau, französ. Pantomime (geb. 1923); Marcello Mastroianni, italien. Schauspieler (1925 bis 1996)

Namenstag: 16. Januar, 3. November

Marcella weibl. Form zu Marcel

Andere Formen: **Marcelle, Marcellina, Marceline, Marzella, Marzellina**

Bekannte Namensträger: heilige Marcella, 410 von den Goten bei der Eroberung Roms erschlagen

Namenstag: 31. Januar

Marco männl., italien. und span. Form zu Markus

Andere Formen: **Marko**

Namenstag: 25. April

Maren weibl., dän. Form zu Marina; oder fries. Koseform zu Maria

Margarete weibl., aus dem lat. »margarita« (Perle)

Verbreitung: seit dem Mittelalter durch den Namen der heiligen Margareta von Antiochia verbreitet, die zu den 14 Nothelfern (Geburt und Wetternot) gehört; um 1900 Modename, heute selten gewählt

Margarete

Andere Formen: **Grete, Gesche,**

Gitta, Gritt, Griet, Gritta, Margret, Marga, Margit, Margot, Margarethe, Meta, Metta, Gretel, Gredel, Greten, Gretchen, Gretli, Reda, Reta, Rita; Margaret, Marjorie, Maggie, Meg (engl.); Marguerite (französ.); Margherita (italien.); Margaret, Margriet (niederländ.); Margarita (span., russ.) *Bekannte Namensträger:* Margarete, Königin von Dänemark, Norwegen und Schweden (14./15. Jh.); Königin Margarete von Navarra (1492 bis 1549); Margarete Buber-Neumann, deutsche Schriftstellerin (1926 bis 1989); Margarethe von Trotta, deutsche Filmregisseurin (geb. 1942); Margarete Schreinemakers, deutsche Fernsehmoderatorin (geb. 1958)
Namenstag: 20. Juli

Margot weibl., aus dem Französ. übernommener Vorn., Kurzform zu Margarete und der französ. Form Marguerite; seit dem Beginn des 20. Jh. ist der Vorn. allgemein bekannt und oft gewählt
Andere Formen: **Margone; Margaux** (französ.)
Bekannte Namensträger: Margot Hielscher, deutsche Filmschauspielerin (geb. 1919)

Maria weibl., aus der Bibel übernommener Vorn., griech. und lat. Form zu Mirjam
Verbreitung: aus Ehrfurcht vor dem Namen der Mutter Christi wurde der Name erst verhältnismäßig spät in den deutschen Namensschatz aufgenommen; seit dem 15. Jh. gab es dann neben der Vollform eine fast unüberschaubare Menge von Kurz- und Nebenformen; der Vorn. fand auch als Doppelname Maria-Magdalena und in anderen Kombinationen sehr große Verbreitung; als männl. Zweitname zugelassen

Andere Formen: **Marei, Marie, Marieli, Marike, Mariechen, Maja, Meieli, Mia, Mieke, Mieze, Mimi, Mirl, Mitzi, Ria; Mary** (engl.); **Marion, Manon** (französ.); **Mariella, Marietta, Marita** (italien.); **Marica, Marihuela** (span.); **Maire, Maureen** (irisch); **Maaike, Marieke, Maryse** (niederländ.); **Mami, Marilyn** (amerikan.); **Maren, Mie** (dän.); **Marika, Mari, Maris, Mariska, Marka** (ungar.); **Marija, Marja, Maika, Mascha, Maschinka, Meri** (russ.); **Marya** (poln.)

Maria

Bekannte Namensträger: Maria Stuart, Königin von Schottland (1542 bis 1587); Maria Callas, griech. Sängerin (1923 bis 1977); Maria Schell, deutsche Schauspielerin (1926 bis 2005)

Namenstag: alle Marienfeste

Mariamne weibl., Nebenform zu Mirjam; Mariamne, die Gattin Herodes I., wurde 29 v. Chr. wegen angeblichen Ehebruchs hingerichtet

Marian männl., erweiterte Form zu Marius

Mariana weibl., Weiterbildung von Maria oder weibl. Form zu Marian oder dän. Form zu Marianne
Andere Formen: **Mariane**

Marianne weibl., selbstständig gewordener Doppelname aus Maria und Anna
Verbreitung: nach der Französ. Revolution volkstümlich gewordener Vorn., heute nicht mehr so oft gewählt
Andere Formen: **Nanne, Janna; Mariana** (dän.)
Bekannte Namensträger: Marianne Hoppe, deutsche Schauspielerin (1911 bis 2002)
Namenstag: 17. April

Marie weibl., Nebenform zu Maria; die ursprünglich protestantische Form wurde im 16. Jh. volkstümlich und ist seither stark verbreitet
Bekannte Namensträger: Marie Antoinette, französ. Königin (1755 bis 1793)

Marina weibl. Form zu Marinus
Andere Formen: **Marine, Marinella, Marinette**

Marinus männl., aus dem lat. »marinus« (zum Meer gehörend)
Andere Formen: **Marin; Marino, Marinello** (italien.)

Marinus

Mario männl., italien. Form zu Marius
Andere Formen: **Maris, Maro** (span.)
Bekannte Namensträger: Mario del Monaco, italien. Tenor (1915 bis 1982); Mario Adorf, deutscher Filmschauspieler (geb. 1930) *Namenstag:* 19. Januar

Mariola weibl. Form zu Mario
Andere Formen: **Mariolina**

Marion weibl., aus dem Französ. übernommener Vorn., alte Koseform zu Maria
Andere Formen: **Mariona, Marionna, Marionne**

Marius männl., lat., eigentlich »aus dem Geschlecht der Marier« *Bekannte Namensträger:* Marius Müller-Westernhagen, deutscher Sänger (geb. 1948)

Markolf männl., aus dem ahd. »marcha« (Grenze) und »wolf« (Wolf)

Markus männl., aus dem lat. »mars« (Name des Kriegsgottes)
Verbreitung: im 16. Jh. war der Vorn. im gesamten deutschen Sprachraum sehr beliebt, wurde dann aber fast ausschließlich in jüdischen Familien gewählt und kam erst in neuester Zeit wieder in Mode
Andere Formen: **Mark, Marx; Marc** (französ.); **Marco** (italien., span.); **Marek** (poln.); **Marko** (slaw.)
Bekannte Namensträger: Markus Lüpertz, deutscher Maler und Bildhauer (geb. 1941); Markus Wasmeier, deutscher Skirennläufer (geb. 1963)
Namenstag: 25. April

Martha weibl., aus der Bibel übernommener Vorn. hebr. Ursprungs von »marah« (bitter, betrübt oder Herrin); in der Bibel war Martha die Schwester des Lazarus und wurde

die Patronin der Hausfrauen
Verbreitung: seit dem Mittelalter bekannt, aber erst nach der Reformation im 16. Jh. fand der Vorn. allgemeine Verbreitung; im 19. Jh. wurde er volkstümlich, heute selten gewählt

Martha

Andere Formen: **Marta, Marthe; Marfa** (russ.); **Martje** (fries.); **Mat** (engl.)
Namenstag: 29. Juli

Martin männl., aus dem Lat. (Sohn des Kriegsgottes Mars); bekannt wurde der Vorn. im Mittelalter durch den heiligen Martin von Tours (4. Jh.)
Verbreitung: seit der Reformation wurde der Vorn. auch in protestantischen Familien oft gewählt
Andere Formen: **Martl, Marten, Mertel, Mirtel, Merten, Mertin, Marti, Martili; Mart** (fries.); **Martino** (italien., span.); **Martinus, Marten** (niederländ.); **Marten** (schwed.); **Morten** (dän.); **Marcin** (poln.); **Mártoni** (ungar.)
Bekannte Namensträger: Martin Luther, Begründer der Reformation (1483 bis 1546); Martin Opitz, deutscher Dichter (1597 bis 1639); Martin Walser, deutscher Schriftsteller (geb. 1927)
Namenstag: 11. November

Martina weibl. Form zu Martin
Andere Formen: **Martine** (französ.)
Bekannte Namensträger: Martina Navratilova, tschech.-amerikan. Tennisspielerin (geb. 1956); Martina Hingis, schweiz. Tennisspielerin (geb. 1981)
Namenstag: 30. Januar

Marvin männl., engl. Vorn., entspricht dem ahd. »mari« (berühmt) und »wini« (Freund) *Andere Formen:* **Marwin, Merwin**

Mathilde weibl., aus dem ahd. »maht« (Macht, Kraft) und »hiltja« (Kampf)
Verbreitung: im Mittelalter als Name der heiligen Mathilde, Gattin Heinrichs I. und Mutter Ottos des Großen, verbreitet; um 1800 durch die Ritterdichtung neu belebt
Andere Formen: **Mathilda, Mechthild; Mand, Mande** (engl.); **Matilda** (italien.)
Bekannte Namensträger: Mathilde Wesendonck, deutsche Schriftstellerin und Freundin von Richard Wagner (1828 bis 1902)
Namenstag: 14. März

Matthäus männl., Nebenform zu Mathias; allgemein bekannt wurde der Name durch den Evangelisten Matthäus, als Vorn. nicht sehr oft gewählt
Andere Formen: **Tewes, Tigges; Matteo** (italien.)
Bekannte Namensträger: Matthäus Merian der Ältere, schweiz. Kupferstecher und Buchhändler (1593 bis 1650)
Namenstag: 21. September

Matthias männl., aus der Bibel übernommener Vorn. hebr. Herkunft (Geschenk Jahwes)

Maximilian

Verbreitung: seit dem Mittelalter als Name des heiligen Matthias verbreitet, der nach der Bibel anstelle des Judas zum Apostel bestimmt wurde; die Gebeine des heiligen Matthias sollen in Trier begraben sein, deshalb auch die starke Verbreitung des Vorn. in dieser Gegend
Andere Formen: **Mathias, Mathis, Mattias, Theis; Matteo** (italien.); **Mats** (schwed.); **Mat, Mathew** (engl.); **Mathieu** (französ.) **Matias** (portug., span.)
Bekannte Namensträger: Matthias Grünewald, deutscher Maler (um 1465 bis 1528); Matthias Claudius, deutscher Lyriker (1740 bis 1815)
Namenstag: 24. Februar

Mauro männl., italien. Vorn. lat. Ursprungs (der Mann aus Mauretanien, der Mohr)
Andere Formen: **Maurus, Mauritius, Moritz; Murillo** (span.)

Max männl., Nebenform zu Maximilian; seit der Renaissance sehr beliebter Vorn.
Bekannte Namensträger: Max Reger, deutscher Komponist (1873 bis 1916); Max Klinger, deutscher Maler und Bildhauer (1857 bis 1920); Max Planck, deutscher Physiker (1858 bis 1947); Max Beckmann, deutscher Maler (1884 bis 1950); Max Frisch, schweiz. Schriftsteller (1911 bis 1991)

Maxi weibl., Kurzform zu Maximiliane; auch männl. Kurzform zu Maximilian
Andere Formen: **Maxilie**

Maximilian männl., aus dem lat. »maximus« (sehr groß, am größten) entstandener Vorn.
Verbreitung: bekannt wurde der Vorn. vor allem in Öster-

Maximiliane

reich und Bayern durch den heiligen Maximilian und eine Reihe von Kaisern und Kurfürsten mit diesem Namen
Andere Formen: **Max; Maximilien** (französ.); **Massimiliano** (italien.)
Bekannte Namensträger: Maximilian I., deutscher Kaiser, »der letzte Ritter« (1459 bis 1519); Maximilian Schell, schweiz. Schauspieler und Regisseur (geb. 1930)
Namenstag: 12. Oktober

Maximiliane weibl. Form zu Maximilian
Andere Formen: **Maxi; Maximilienne** (französ.)

Mechthild weibl., Nebenform zu Mathilde; im Mittelalter sehr weit verbreiteter Vorn., der dann fast vollständig von Mathilde verdrängt wurde und heute sehr selten ist
Andere Formen: **Mechtild, Mechthilde**

Meinhard männl., aus dem ahd. »magan, megin« (Kraft, Macht) und »harti« (hart)
Andere Formen: **Meinard**

Meinhild weibl., aus dem ahd. »magan, megin« (Kraft, Macht) und »hiltja« (Kampf)
Andere Formen: **Meinhilde**

Maximilian

Meinolf männl., aus dem ahd. »magan, megin« (Kraft, Macht) und »wolf« (Wolf)
Andere Formen: **Meinulf**

Meinrad männl., aus dem ahd. »magan, megin« (Kraft, Macht) und »rat« (Ratgeber); der heilig gesprochene Einsiedler Meinrad wurde 835 bei Einsiedeln in der Schweiz von Räubern erschlagen

Melanie weibl., aus dem griech. »melania« (Schwärze), eigentlich »die Dunkle«
Verbreitung: im 19. Jh. Adelsname, vielleicht auch durch die Figur der Melanie in Margaret Mitchells Roman »Vom Winde verweht« beeinflusst
Andere Formen: **Melania, Melly, Melli, Melony, Mellony, Meloni** (engl.); **Mélanie** (französ.); **Mela, Melana, Malenka** (slaw.); **Melka** (poln.)
Bekannte Namensträger: Melanie Griffith, amerikan. Schauspielerin (geb. 1957)
Namenstag: 31. Dezember

Melchior männl., aus dem Hebr. (Gott ist König des Lichts)
Verbreitung: im Mittelalter wurde der Name als einen der Heiligen Drei Könige bekannt, spielt heute aber kaum noch eine Rolle
Andere Formen: **Melcher, Melk**
Namenstag: 6. Januar

Melina weibl., aus dem griech. »melina« (Frau der Insel Melos) oder Koseform zu Amélie, einer französ. Form zu Amalia; in den

Achtzigerjahren durch die griech. Filmschauspielerin und Ministerin Melina Mercouri bekannt geworden

Melinda weibl., Herkunft und Bedeutung unklar, eventuell aus dem lat. »mellinia« (Honigtrank) oder Nebenform zu Melina

Meline weibl., Nebenform zu Melina

Melitta weibl., aus dem griech. »melitta« (Biene)
Andere Formen: **Melita, Melissa**

Mercedes weibl., span. Vorn., der anstelle von Maria gebraucht wird, entstanden aus der Abkürzung des Marienfestes »Maria von der Gnade der Gefangenenerlösung« (Maria de Mercede redemptionis captivorum); Mercedes ist ein Stellvertretername, da aus religiöser Ehrfurcht Maria als Taufname gemieden wurde
Namenstag: 24. September

Merle weibl., aus dem Engl. übernommener Vorn., der eigentlich »Amsel« bedeutet und einen Menschen bezeichnet, der gerne singt und pfeift; der Vorn. wurde durch die engl. Schauspielerin Merle Oberon in Deutschland bekannt

Merlin männl., aus dem kelt. »myrddin« (Seehügel) oder Falke; Merlin ist auch der Name des Zauberers in der Artussage; im Engl. ist Merlin auch weibl. Vorn.

Merlin

Michaela

Micha männl., aus der Bibel übernommener Vorn. hebr. Ursprungs von »mikhah« (Wer ist wie Jahwe?); auch Kurzform zu Michaela und Michael
Andere Formen: **Michaja**

Michael männl., aus der Bibel übernommener Vorn. hebr. Ursprungs (Wer ist wie Gott?)
Verbreitung: in der christlichen Welt als Name des Erzengels Michael seit dem Mittelalter weit verbreitet; nach der Bibel besiegte Michael den Teufel und wurde deshalb als Schutzheiliger Israels und der Kirche gewählt
Andere Formen: **Mike** (engl.); **Michel** (französ.); **Michele** (italien.); **Michel, Michiel** (niederländ.); **Mikael, Mickel** (dän., schwed.); **Michal, Michail** (slaw.); **Miguel** (span., portug.); **Mihály** (ungar.)
Bekannte Namensträger: Michael Ende, deutscher Schriftsteller (geb. 1929 bis 1995); Michael Stich, deutscher Tennisspieler (geb. 1968); Michael Schumacher, deutscher Autorennfahrer (geb. 1969); Michael Douglas, amerikan. Schauspieler (geb. 1944)
Namenstag: 29. September

Michaela weibl. Form zu Michael
Verbreitung: wie Michael seit dem Mittelalter weit verbreitet
Andere Formen: **Michèle, Michelle, Micheline** (französ.); **Michelle** (engl.); **Micaela** (italien.); **Mikala** (dän.); **Mihala, Mihaela, Michalina** (slaw.); **Miguela** (span., portug.); **Mihaéla** (ungar.)
Bekannte Namensträger: Michaela Figini, schweiz. Skiläuferin (geb. 1966); Michaela May, deutsche Schauspielerin (geb. 1955) *Namenstag:* 24. August

Michelle weibl., französ. und engl. Form zu Michaela

Miltraud weibl., aus dem ahd. »mildi« (freundlich, freigebig) und »trut« (Kraft, Stärke)
Andere Formen: **Miltraut, Mildred** (engl.); **Miltrud**

Milva weibl., italien. Vorn. wahrscheinlich lat. Ursprungs (Taubenfalke)
Andere Formen: **Milvia**

Minerva weibl., aus dem Griech. (die Kluge); Minerva war in der Mythologie die Tochter Jupiters und wurde als Göttin der Weisheit verehrt

Mirabella weibl., aus dem italien. »mirabile« (bewundernswert) und »bella« (schön)
Andere Formen: **Mirabell, Mireta, Miretta, Mira; Mirabel** (engl.)

Miranda weibl., engl. Vorn. lat. Ursprungs zu »mirandus« (wunderbar)
Andere Formen: **Mirande, Mirandola**

Mirjam weibl., aus der Bibel übernommener Vorn., aram.-hebr. Form zu Maria von »mirjam« (widerspenstig)

Modest

Andere Formen: **Miriam, Myriam, Myrjam**

Mirka weibl. Form zu Mirko

Mirko männl., slaw. Kurzform zu Miroslaw, neuerdings öfter gewählt

Miroslaw männl., aus dem slaw. »mir« (Friede) und »slava« (Ruhm)

Moana weibl., aus Hawaii stammender Vorn. (Unendlichkeit der Meere), standesamtlich zugelassen

Modest männl., aus dem lat. »modestus« (bescheiden, sanftmütig)
Andere Formen: **Modesto** (italien.)

Modesta weibl. Form zu Modest
Andere Formen: **Modeste**

Mombert männl., aus dem ahd. »muni« (Geist, Gedanke) und »beraht« (glänzend)
Andere Formen: **Mommo, Momme**

Mona weibl., entweder Kurzform zu Monika oder aus dem irischen »muadh« (edel); die berühmte Mona Lisa von Leonardo da Vinci hat nichts mit dem Namen zu tun, Mona ist hier als Abkürzung zu Madonna (Frau) zu verstehen

Monika weibl., Herkunft und Bedeutung sind ungeklärt, eventuell aus dem griech. »monachós« (Mönch, Einsiedler)
Verbreitung: seit dem Mittelalter als Name der heiligen Monika (4. Jh.) in der christlichen Welt verbreitet; erst seit dem 20. Jh. in Deutschland volkstümlich
Andere Formen: **Mona, Moni; Monica** (engl., niederländ., italien.); **Monique** (französ.)
Bekannte Namensträger: Monika Wulf-Mathies, Gewerkschafterin (geb. 1942)
Namenstag: 27. August

Moritz männl., eingedeutschte Form zu Mauritius, einer Nebenform zu Mauro
Andere Formen: **Maurus, Mauriz; Mauritius** (lat.); **Maurice** (französ.); **Maurizio** (italien.); **Morris** (engl.)
Bekannte Namensträger: Kurfürst Moritz von Sachsen (1521 bis 1553); Moritz von Schwind, deutscher Maler (1804 bis 1871)
Namenstag: 22. September

Mortimer männl., alter engl. Vorn., der ursprünglich den

Ort Mortemer in der französ. Normandie bezeichnete, oder aus dem Gäl. (Meereskundiger); der Vorn. wurde durch Schillers Mortimer in »Maria Stuart« bekannt

Muriel weibl., aus dem Engl. übernommener Vorn. mit unklarer Bedeutung (eventuell »glänzende See«)
Andere Formen: **Meriel**

Muriel

Einen Namen hat man,
wenn man
keinen Wert mehr auf
seinen Titel legt.

*Sigmund Graff,
Man sollte mal darüber nachdenken*

Nadine weibl., engl., niederländ. und französ. Form zu Nadja; seit den 70er Jahren bundesweit verbreitet
Bekannte Namensträger: Nadine Gordimer, südafrikan. Schriftstellerin und Nobelpreisträgerin (geb. 1923)
Nadja weibl., aus dem russ. »nadéschda« (Hoffnung)
Verbreitung: gegenwärtig öfter gewählt, vor allem im süddeutschen Raum
Andere Formen: **Nada, Nadia, Nadjeschda, Nadinka; Nadine, Nadina** (engl., niederländ.); **Nadine** (französ.)
Bekannte Namensträger: Nadja Tiller, österr. Filmschauspielerin (geb. 1929)
Namenstag: 1. August, 1. Dezember
Naemi weibl., aus der Bibel übernommener Vorn. hebr. Ursprungs (die Liebliche), nach dem Alten Testament war Naemi die Schwiegermutter der Ruth
Andere Formen: **Naomi, Noeme, Noemi; Noomi** (engl.); **Naima, Naimi** (schwed.)
Nahum männl., aus dem hebr. »nachum« (Tröster), Nahum

ist einer der zwölf kleinen Propheten des Alten Testaments

Andere Formen: **Naum**

Nancy weibl., engl. Form zu Nanna (= Anna)

Nanna weibl., aus dem Nord. übernommener Vorn., der eigentlich auf die altnord. Göttin Nanna zurückgeht, die Gattin des Gottes Baldr; Nanna ist aber auch die der Kindersprache entnommene Koseform zu Anna oder Marianne

Andere Formen: **Nanne**

Natalie/Nathalie weibl., aus dem Lat. übernommener Vorn. (die an Weihnachten Geborene)

Verbreitung: trotz mehrerer literarischer Gestalten ist der Vorn. in Deutschland nie ganz volkstümlich geworden, gegenwärtig wird er aber sehr häufig gewählt

Andere Formen: **Natalia; Nathalie, Noëlle** (französ.); **Natalija, Natelja, Natascha** (russ.)

Bekannte Namensträger: Natalie Wood, amerikan. Filmschauspielerin (1938 bis 1981)

Namenstag: 27. Juli

Nehemia männl., aus der Bibel übernommener Vorn. hebr. Ursprungs (Jahwe hat getröstet)

Nelson männl., aus dem Engl. übernommener Vorn., eigentlich »Sohn des Neil« (Neil stammt aus dem Engl. und bedeutet »Wolke« oder »Meister«)
Bekannte Namensträger: Nelson Piquet, brasilian. Motorsportler (geb. 1952)
Nepomuk männl., aus dem Tschech. (Mann aus Pomuk, Ort in Böhmen); der Vorn. geht auf den heiligen Nepomuk zurück, der nach der Legende von König Wenzel gefoltert und in der Moldau ertränkt wurde; der heilige Nepomuk ist häufig Brückenheiliger und Landespatron von Böhmen
Verbreitung: im deutschsprachigen Raum selten gewählt
Bekannte Namensträger: Johann Nepomuk Nestroy, österr. Schriftsteller (1801 bis 1862)
Namenstag: 16. Mai
Nico männl., italien. Kurzform zu Nikolaus
Nicola männl., italien. Form zu Nikolaus und weibl. Form zu Nikolaus, die aber nicht zu empfehlen ist, da die italien. Form eindeutig männl. ist; bei der Wahl als weibl. Vorn. ist ein eindeutiger Zweitname erforderlich
Nicolas männl., engl. und französ. Form zu Nikolaus
Nicole weibl., französ. Form zu Nikolaus
Andere Formen: **Nicla, Nicoletta, Nicolette, Nikoletta, Nicoline, Nikoline**
Bekannte Namensträger: Nicole Uphoff, deutsche Dressurreiterin und Olympiasiegerin (geb. 1967)
Namenstag: 6. Dezember
Niklas männl., fries. Form zu Nikolaus
Nikolaus männl., aus dem griech. »nike« (Sieg) und »laós«

(Volksmenge); der heilige Nikolaus zählt zu den 14 Nothelfern und ist der Schutzheilige der Schiffer, Kaufleute, Seeleute, Bäcker und Schüler

Verbreitung: seit dem 12. Jh. volkstümlicher Vorn., verlor im 18. Jh. an Bedeutung und wurde im 20. Jh. von der Kurzform Klaus fast vollständig verdrängt

Andere Formen: **Klas, Klaas, Klaus, Nik, Nicki, Nickel, Niko; Niclo, Niculaus** (rätoroman.); **Nick, Nicholas, Nicolas** (engl.); **Nicolas** (französ.); **Nic, Nico, Niccolò, Nicola** (italien.); **Niklas, Nikol, Nigg** (fries.); **Nicolaas** (niederländ.); **Niels** (skand.); **Nikolai, Nikolaj, Nikita** (russ.); **Miklas, Kolja** (slaw.); **Miklós** (ungar.)

Bekannte Namensträger: Papst Nikolaus V., Humanist und Begründer der Vatikanischen Bibliothek (1397 bis 1455); Nikolaus von Kues, deutscher Philosoph und Theologe (1401 bis 1464); Nikolaus Kopernikus, deutscher Astronom (1473 bis 1543) *Namenstag:* 6. Dezember

Nina weibl., Kurzform zu Vorn., die mit »-ina« enden, vor allem Antonina, Annina und Giovannina; auch im Russ. sehr beliebt

Andere Formen: **Nine; Ninja** (span., portug.)

Nikolaus

Bekannte Namensträger: Nina Hagen, deutsche Popmusikerin (geb. 1955)
Namenstag: 15. Dezember

Noël männl. Form zu Natalie

Nona weibl., engl., schwed. und span. Vorn. lat. Ursprungs, vielleicht vom lat. »nona« (die Neunte); Nona war eine der drei Parzen (Schicksalsgöttinen) und röm. Geburtsgöttin

Norbert männl., aus dem ahd. »nord« (Norden) und »beraht« (glänzend)
Verbreitung: als Namensvorbild diente Norbert von Xanten, heilig gesprochener Stifter des Prämonstratenserordens und Erzbischof von Magdeburg (11./12. Jh.)
Bekannte Namensträger: Norbert Blüm, deutscher Politiker (geb. 1935); Norbert Schramm, deutscher Eiskunstläufer (geb. 1960)
Namenstag: 6. Juni

Norberta weibl. Form zu Norbert

Norma weibl., engl. Vorn. aus dem lat. »norma« (Gebot), bekannt geworden durch Bellinis Oper »Norma« (1831); auch der bürgerliche Name der Schauspielerin Marilyn Monroe (Norma Jean Baker)

Norman männl., aus dem ahd. »nord« und »man« (Mann aus dem Norden), besonders in England und Amerika verbreitet
Andere Formen: **Norm, Norrie**
Bekannte Namensträger: Norman Mailer, amerikan. Schriftsteller (geb. 1923)

Es ist ein bekanntes
Talent niedriger
und kleiner Geister,
stets den Namen
eines großen Mannes im
Munde zu führen.

*Jonathan Swift,
Tuchhändlerbriefe 5*

Octavia weibl. Form zu Octavius
Bekannte Namensträger: Octavia, röm. Kaiserin und Gattin des Nero (1. Jh. n. Chr.)
Octavius männl., aus dem Lat. (aus dem Geschlecht der Octavier); bekannt ist die Gestalt des Octavio Piccolomini aus Schillers »Wallenstein«
Andere Formen: **Octavio, Oktavio, Oktavian**
Odin männl., identisch mit dem nordgerman. Gott Odin (Wotan), etwa »der Rasende«
Olaf männl., aus dem Nord. übernommener Vorn. (Ahnenspross)
Verbreitung: alter norweg. Königsname, später auch im gesamten deutschsprachigen Raum gebräuchlich; gegenwärtig seltener gewählt
Andere Formen: **Olav; Ole, Oluf** (dän.); **Olof** (schwed.); **Olaker** (isländ.)
Bekannte Namensträger: Olaf Gulbransson, norweg. Zeichner (1873 bis 1958); Olaf Thon, deutscher Fußballspieler (geb. 1966) *Namenstag:* 29. Juli

Oliver männl., vielleicht zu lat. »olivarius« (Ölbaum) oder verwandt mit dem ahd. »alf« (Elfe, Naturgeist) und »heri« (Heer) oder aus Olaf hervorgegangen
Verbreitung: erst in neuerer Zeit in Deutschland verstärkt gewählt
Andere Formen: **Olli, Ollie, Olly; Olivier** (französ.); **Oliviero** (italien.)
Bekannte Namensträger: Oliver Cromwell, engl. Staatsmann (1599 bis 1658); Oliver Goldsmith, engl. Schriftsteller (1728 bis 1774); Oliver Hardy, amerikan. Filmkomiker (1892 bis 1957)
Namenstag: 11. Juli

Olympia weibl., aus dem Griech. (die vom Berg Olymp Stammende); bekannt wurde der Vorn. durch die Olympia in Offenbachs Oper »Hoffmanns Erzählungen«
Andere Formen: **Olympias; Olimpias** (italien., span.)

Orthild weibl., aus dem ahd. »ort« (Spitze) und »hiltja« (Kampf)
Andere Formen: **Orthilde**

Ortlieb männl., aus dem ahd. »ort« (Spitze) und »leiba« (Erbe)

Ortolf männl., aus dem ahd. »ort« (Spitze) und »wolf« (Wolf)
Andere Formen: **Ortulf**

Ortrun weibl., aus dem ahd. »ort« (Spitze) und »runa« (Zauber, Geheimnis); Ortrun ist in der Kudrunsage die Schwester Hartmuts

Ortwin männl., aus dem ahd. »ort« (Spitze) und

»wini« (Freund); Vorn. mehrerer Gestalten der deutschen Heldensagen, heute selten gewählt
Andere Formen: **Ortwein**

Oskar Nebenform zu Ansgar
Verbreitung: Ende des 18. Jh. durch die Ossian-Dichtung des Schotten J. Macpherson in Deutschland bekannt geworden, unter schwed. Einfluss Ende des 19. Jh. im deutschen Sprachraum volkstümlich geworden (bekannte Redewendung: »frech wie Oskar«), heute seltener gewählt

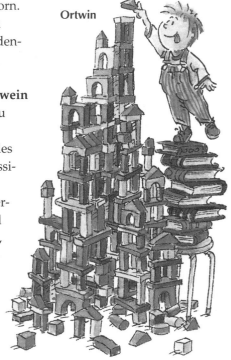

Ortwin

Andere Formen: **Oscar, Ossi, Ossy**
Bekannte Namensträger: Oskar I., König von Schweden (1799 bis 1859); Oskar Kokoschka, österr. Maler (1886 bis 1980); Oskar Lafontaine, deutscher Politiker (geb. 1943)

Osmar männl., aus dem ahd. »ans« (Gott) und »mari« (berühmt)

Osmund männl., aus dem ahd. »ans« (Gott) und »munt« (Schutz der Unmündigen)

Oswald männl., aus dem ahd. »ans« (Gott) und »waltan« (walten, herrschen), angelsächs. Nebenform zu Answald
Verbreitung: vor allem als Vorn. des heiligen Oswald von Northumbrien bekannt; durch die Missionstätigkeit angelsächs. und schott. Mönche fand der Name in Deutschland, vor allem im Alpenraum, Verbreitung; heute selten gewählt
Bekannte Namensträger: Oswald von Wolkenstein, Tiroler Minnesänger (1377 bis 1445)

Otfried männl., aus dem ahd. »ot« (Besitz) und »fridu« (Friede); der Vorn. war schon im Mittelalter selten und wurde in der Neuzeit kaum noch gewählt; zu Beginn des 19. Jh. wurde der Vorn. durch die Beschäftigung mit der altdeutschen Literatur neu belebt, heute selten gewählt
Andere Formen: **Ottfried**
Bekannte Namensträger: Otfried von Weißenburg, Verfasser der Evangelienharmonie (9. Jh.)

Otmar männl., aus dem ahd. »ot« (Besitz) und »mari« (berühmt)
Verbreitung: die Verehrung des Heiligen Otmar von St. Gallen (8. Jh.) führte besonders im süddeutschen Raum zur Verbreitung des Vorn., heute selten gewählt
Andere Formen: **Ottmar, Ottomar, Othmar, Odomar; Omke, Omme, Oomke** (fries.)
Namenstag: 16. November

Otto männl., alter deutscher Vorn., selbstständig gewordene Kurzform zu Namen mit dem ahd. »ot« (Besitz)
Verbreitung: bereits im Jahre 788 urkundlich belegt; deut-

scher Kaisername und Vorn. von Adligen, dann volkstümlich geworden (Ende des 19. Jh. war Otto einer der zwölf beliebtesten Namen in Berlin); der Vorn. wird heute sehr selten gewählt

Andere Formen: **Obbo, Odo, Okko, Otil, Ontje, Otte, Udo; Othon** (französ.); **Ottone, Ottorino** (italien.)

Bekannte Namensträger: Otto von Bismarck, deutscher Reichskanzler (1815 bis 1898); Otto Hahn, deutscher Physiker und Nobelpreisträger (1879 bis 1968); Otto von Lilienthal, Flugpionier (1849 bis 1896); Otto Dix, deutscher Maler (1891 bis 1969); Otto Waalkes, deutscher Komiker (geb. 1948)

Namenstag: 30. Juni

Ottokar männl., aus dem ahd. »ot« (Besitz) und »wakar« (munter, wachsam, wacker), Nebenform zu Odowakar

Bekannte Namensträger: König Ottokar II. von Böhmen (1233 bis 1278)

P

Von des Lebens Gütern allen
ist der Ruhm das höchste doch.
Wenn der Leib in Staub zerfallen,
lebt der große Name noch.

Friedrich Schiller,
Siegesfest

Paloma weibl., aus dem span. »paloma« (die Taube)
Andere Formen: **Palomina**

Pamela weibl., engl. Vorn. griech. Herkunft, wahrscheinlich »alles« und »Gesang«; bekannt wurde der Vorn. durch den gleichnamigen Roman von S. Richardson (1772 ins Deutsche übersetzt); der Vorn. gilt heute als modern
Bekannte Namensträger: Pamela Anderson, amerikan. Schauspielerin (geb. 1968)

Pankratius männl., aus dem Griech. übernommener Vorn. von »pan« (ganz) und »krátos« (Kraft, Macht); der Vorn. fand als Name des heiligen Pankratius, der einer der 14 Nothelfer ist, Verbreitung seit dem 5. Jh.
Namenstag: 12. Mai

Pantaleon männl., aus dem Griech. übernommener Vorn., wahrscheinlich

»Allerbarmer«; der Name wurde durch den heiligen Pantaleon von Nicomedia (4. Jh.) bekannt, der zu den 14 Nothelfern gehört
Namenstag: 27. Juli

Parzival männl., aus der Artussage übernommener Vorn., nach dem altfranzös. »Perceval« (Taldurchstreifer)
Andere Formen: **Parsifal, Parsival; Percival, Percy** (engl.); **Percevale** (französ.)

Pascal männl., französ. Form zu Parchalis; wichtig für die Namengebung war der heilige Pascal Baylon (1540 bis 1592), auch mehrere Päpste des 9. bis 11. Jh. trugen den Namen
Andere Formen: **Pasquale** (italien.); **Pascual** (span.)
Namenstag: 17. Mai

Paschalis männl., aus dem lat. »paschalis« (zu Ostern gehörend, der zu Ostern Geborene); der Vorn. wurde durch den heiligen Paschalis Baylon (16. Jh.) bekannt
Andere Formen: **Paschel**
Namenstag: 17. Mai

Patricia weibl. Form zu Patricius
Andere Formen: **Patrizia, Pat, Patty, Patsy; Patrice** (engl.)
Bekannte Namensträger: heilige Patricia von Neapel, Patronin der Pilger (7. Jh.); Gracia Patricia, Fürstin von Monaco (1929 bis 1982); Patricia Highsmith, amerikan. Krimiautorin (1921 bis 1995)
Namenstag: 25. August

Patricius männl., aus dem lat. »patricius« (zum altröm. Adel gehörend)

Patrick

Andere Formen: **Patrizius; Patrick** (irisch); **Patrice** (franzşs.); **Patrizio** (italien.)
Patrick männl., aus dem Irischen übernommener Vorn. lat. Ursprungs, von »patricius« (zum altröm. Adel gehörend)
Verbreitung: seit dem 12. Jh. über Irland, Schottland und Nordengland in den deutschen Sprachraum gelangt, gilt aber erst heute als modern
Andere Formen: **Patric, Paddy, Patrik, Pat**
Bekannte Namensträger: heiliger Patrick, Apostel und Schutzheiliger Irlands (4./5. Jh.); Patrick Süskind, deutscher Schriftsteller (geb. 1949); Patrick Lindner, deutscher Sänger (geb. 1960)
Namenstag: 17. März

Paul männl., aus dem lat. »paulus« (klein); Namensvorbild war der Apostel Paulus, der mit jüdischem Vorn. eigentlich Saul (lat. Saulus) hieß und Paulus wahrscheinlich schon bei seiner Geburt als Zweitnamen erhielt; nach seiner Bekehrung zu Christus wechselte er seinen Namen (daher auch das Sprichwort: »Vom Saulus zum Paulus werden«)
Verbreitung: seit dem Mittelalter sehr beliebter Taufname, zu Anfang des 20. Jh. besonders bevorzugt (1903 war Paul der häufigste Schülername in Berlin); gegenwärtig selten gewählt
Andere Formen: **Paulinus; Pol, Pole** (niederd.); **Paale, Pals** (fries.); **Paulus** (lat., niederländ.); **Paolo** (italien.); **Pawel, Pavel** (slaw.); **Pablo** (span.); **Paavo** (finn.); **Poul** (dän.); **Pál** (ungar.)
Bekannte Namensträger: Paul Gerhardt, Kirchenlieddichter (1607 bis 1676); Paul Verlaine, französ. Dichter (1844 bis

1896); Paul Gauguin, französ. Maler (1848 bis 1903); Paul Cézanne, französ. Maler (1839 bis 1906); Paul Lincke, deutscher Komponist (1866 bis 1946); Paul Klee, deutscher Maler (1879 bis 1940); Paul Hindemith, deutscher Komponist (1895 bis 1963); Paul Newman, amerikan. Filmschauspieler (geb. 1924)
Namenstag: 29. Juni

Paula weibl. Form zu Paul
Verbreitung: seit dem Mittelalter im deutschsprachigen Raum verbreitet; in der zweiten Hälfte des 19. Jh. sehr beliebt; heute wenig gewählt
Andere Formen: **Pauline; Paula** (engl., französ., span.); **Paule, Paulette** (französ.); **Paola, Paolina** (italien.); **Pavla, Pola** (slaw.)
Bekannte Namensträger: Paula Modersohn-Becker, deutsche Malerin (1876 bis 1907); Paula Wessely, österr. Schauspielerin (1907 bis 2000)
Namenstag: 26. Januar

Peter männl., vom lat. Namen Petrus, der selbst wiederum griech. Ursprungs ist, »pétros« (Felsblock, Stein)
Verbreitung: der Apostel Petrus war der Überlieferung nach der erste Bischof von Rom und erlitt dort den Märtyrertod; schon früh fand der Name Peter in der christlichen Welt große Verbreitung; im Mittelalter gehörte er zu den beliebtesten Namen, war danach leicht rückläufig und galt erst wieder Anfang des 20. Jh. als modern
Andere Formen: **Pete, Petz, Pitt, Pit, Pier; Pierre** (französ.); **Piet, Pieter** (niederländ.); **Pier, Peko, Peer, Peeke** (fries.); **Pietro, Piero** (italien.); **Pedro** (span.); **Peder** (dän.); **Per, Peer, Pelle** (schwed.); **Petr, Pjotr** (russ.); **Piotre** (poln.); **Pe-**

	tar (bulgar.); **Pes** (slaw.); **Pekka** (finn.)
Peter	*Bekannte Namensträger:* Peter der Große, Zar von Russland (1672 bis 1725); Peter Paul Rubens, niederländ. Maler (1577 bis 1640); Peter Tschaikowski, russ. Komponist (1840 bis 1893); Peter Kreuder, deutscher Komponist (1905 bis 1981); Peter Ustinov, engl. Schauspieler und Schriftsteller (1921 bis 2004) *Namenstag:* 29. Juni
Petra	weibl. Form zu Peter *Andere Formen:* **Perette, Pierrette, Pierrine** (französ.); **Piera, Pierina** (italien.); **Peekje, Pietje, Pierke, Pierkje, Piertje, Peterke, Petje, Petke, Pieterke** (fries.)

Bekannte Namensträger: Petra Schürmann, deutsche Fernsehmoderatorin (geb. 1935)

Petronia weibl., aus dem griech. »pétros« (Fels, Stein)
Andere Formen: **Petronella, Petronilla** (italien.); **Petronelle** (französ.)

Petula weibl., aus dem lat. »petulans« (mutwillig, ausgelassen)

Philipp männl., aus dem griech. »philos« (Freund) und »hippos« (Pferd)
Verbreitung: als Name des Apostels Philippus in der christlichen Welt verbreitet; bereits im 12. Jh. gehörte Philipp im Rheinland zu den beliebtesten Vorn.; im Gegensatz zu Frankreich und Spanien spielte der Name als Adels- und Herrschername keine große Rolle; allgemein bekannt ist auch der Zappelphilipp in Heinrich Hoffmanns »Struwwelpeter«
Andere Formen: **Lipp, Lips, Fips; Philip, Phil** (engl.); **Philippe** (französ.); **Filippo** (italien.); **Felipe** (span.); **Filip** (slaw.); **Filko, Fülöp** (ungar.)
Bekannte Namensträger: Philipp II., König von Mazedonien und Vater von Alexander dem Großen (3./2. Jh. v. Chr.); Philipp Melanchthon, deutscher Humanist und Reformator (1497 bis 1560); Carl Philipp Emanuel Bach, deutscher Komponist (1714 bis 1788); Georg Philipp Tele-

mann, deutscher Komponist (1681 bis 1767); Johann Philipp Reis, deutscher Physiker (1834 bis 1874)
Namenstag: 3. Mai

Philippa weibl. Form zu Philipp
Andere Formen: **Filippa** (italien.); **Felipa** (span.); **Filipa** (slaw.)

Philo männl., aus dem griech. »philos« (Freund, Liebhaber)

Philomele weibl., aus dem griech. »philos« (Freund, Liebhaber) und »mélos« (Gesang)
Andere Formen: **Philomela**

Philomene weibl., aus dem griech. »philein« (lieben, liebkosen) und »oumós« (mir bestimmt); die heilige Philomena war eine frühchristliche Märtyrerin und italien. Volksheilige
Andere Formen: **Philomena**
Namenstag: 11. August

Phöbe weibl. Form zu Phöbus; Beiname der Artemis als Mondgöttin *Andere Formen:* **Phoebe** (engl.)

Phöbus männl., aus dem Griech., eigentlich »der Strahlende«; Phöbus ist der Beiname Apollos

Phyllis weibl., aus dem griech. »phyllás« (Belaubung, Blätterhaufen); die Phyllis in der griech. Mythologie war die Geliebte Demophons und wurde nach ihrem Tod in einen Mandelbaum verwandelt

Pia weibl. Form zu Pius
Andere Formen: **Piata; Pie** (französ.)
Namenstag: 6. Januar

Pilar weibl., aus dem Span. übernommener Vorn.; eine Abkürzung aus Maria del Pilar, einem wundertätigen

Marienbild am Pfeiler einer span. Kirche; wie Dolores und Mercedes wurde Pilar aus religiöser Ehrfurcht stellvertretend für Maria als Taufname gewählt; kann auch als männl. Vorn. gebraucht werden
Namenstag: 12. Oktober

Pinkus männl., aus dem Hebr. übernommener Vorname (der Gesegnete oder der Mohr)
Andere Formen: **Pinkas, Pinchas**

Pippi weibl., eventuell Kurzform zu Philippa; bekannt geworden durch »Pippi Langstrumpf«, beliebte Hauptfigur aus Kinderbüchern von Astrid Lindgren (deutsch: 1960)

Pirmin männl., Vorn. mit unklarer Herkunft und Bedeutung; vielleicht aus dem Gäl. »hoher Herr«; als Name des heiligen Pirmin (8. Jh.) vor allem in Südwestdeutschland verbreitet
Bekannte Namensträger: Pirmin Zurbriggen, schweiz. Skisportler (geb. 1963)
Namenstag: 3. November

Pius männl., aus dem lat. »pius« (fromm, gottesfürchtig, tugendhaft); als Name von Päpsten geläufig
Namenstag: 30. April, 21. August

Placidus männl., aus dem lat. »placide« (sanft, ruhig)
Andere Formen: **Placido** (span.)

Pippi

Polyxenia weibl., zu griech. »poly« (viel) und »xenios« (gastlich)
Andere Formen: **Xenia, Xenja**

Pretiosa weibl., aus dem lat. »pretiosus« (kostbar, von hohem Wert)

Prisca weibl., aus dem lat. »priscus« (nach alter Art, streng, ernsthaft)
Andere Formen: **Priscilla, Cilla, Cilli, Piri, Pirka; Priska** (tschech.); **Piroschka** (ungar.)
Namenstag: 18. Januar

Prosper männl., aus dem lat. »prosperus« (glücklich, günstig)
Bekannte Namensträger: Prosper Mérimée, französ. Dichter (1803 bis 1870)
Namenstag: 25. Juni

R Ich bewundere, sagte ich, dass die Menschen um ein wenig Namen es sich so sauer werden lassen, sodass sie selbst zu falschen Mitteln ihre Zuflucht nehmen. »Liebes Kind«, sagte Goethe, »ein Name ist nichts Geringes, hat doch Napoleon eines großen Namens wegen fast die halbe Welt in Stücke geschlagen.«

Johann Peter Eckermann, Gespräche mit Goethe

Raban männl., aus dem ahd. »hraban« (Rabe)
Andere Formen: **Rabanus** (latinisiert)
Namenstag: 4. Februar
Rabea weibl., aus dem arab. »rabja« (ein Mädchen)
Radolf männl., aus dem ahd. »rat« (Ratgeber) und »wolf« (Wolf)
Verbreitung: seit dem Mittelalter in Deutschland verbreitet, aber heute kaum noch gewählt
Andere Formen: **Radel, Radulf, Redelf, Redlef, Reelef, Ralf; Relf** (fries.); **Raoul** (französ.); **Ralph** (engl.); **Raúl** (span.)
Bekannte Namensträger: heiliger Radolf, Erzbischof von Bourges (gest. 866)
Rahel weibl., aus der Bibel übernommener Vorn. hebr. Ursprungs (Mutterschaf); Rahel ist im Alten Testament die Gattin Jakobs und Mutter von Joseph und Benjamin
Verbreitung: seit dem Mittelalter bekannt, aber nie volkstümlich geworden; heute nur selten gewählt

Raimund

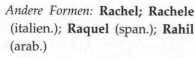

Andere Formen: **Rachel; Rachele** (italien.); **Raquel** (span.); **Rahil** (arab.)

Bekannte Namensträger: Rahel Levin, Gattin des Diplomaten Varnhagen von Ense und Brieffreundin zahlreicher bedeutender Literaten und Philosophen ihrer Zeit (1771 bis 1833)

Raimund männl., aus dem ahd. »regin« (Rat, Beschluss) und »munt« (Schutz)
Verbreitung: nach dem Vordringen in das roman. Sprachgebiet erlangte der Vorn., vor allem in Südfrankreich, große Beliebtheit und verbreitete sich über Lothringen im gesamten deutschen Sprachraum; heute selten
Andere Formen: **Raimond, Reimund; Ramón** (span.); **Raymond** (engl., französ.); **Ray** (engl.)
Namenstag: 7. Januar

Raimunde weibl. Form zu Raimund
Andere Formen: **Reimunde**

Rainer männl., aus dem ahd. »regin« (Rat, Beschluss) und »heri« (Heer)
Verbreitung: früher Adelsname, in der ersten Hälfte unseres Jh. durch die Rilkebegeisterung volkstümlich geworden
Andere Formen: **Reiner, Reinar, Regino; Rainier, Régnier** (französ.); **Ragnar** (nord.); **Regnerus** (lat.)
Bekannte Namensträger: Rainer Maria Rilke, österr. Dichter (1875 bis 1926); Rainer Barzel, deutscher Politiker (geb. 1924); Rainer Bonhof, deutscher Fußballspieler (geb.

1952); Rainer Werner Fassbinder, deutscher Film- und Theaterregisseur (1945 bis 1982)
Namenstag: 11. April, 4. August

Raja weibl., aus dem russ. »raj« (Paradies) oder russ. Kurzform zu Rahel

Ralf männl., Nebenform zu Radolf, die seit etwa 1900 durch Zeitungs- und Zeitschriftenromane in Deutschland eingebürgert wurde *Andere Formen:* **Ralph**
Bekannte Namensträger: Ralf Dahrendorf, deutscher Soziologe und Politiker (geb. 1929)

Ramona weibl. Form zu Ramón, der span. Form zu Raimund

Randolf männl., aus dem ahd. »rant« (Schild) und »wolf« (Wolf)
Andere Formen: **Randulf, Rando; Randolph** (engl.)

Raphael männl., aus der Bibel übernommener Vorn. hebr. Ursprungs von »rapha'el« (Gott heilt)
Verbreitung: im Mittelalter als Name des Erzengels Raphael, der auch Schutzheiliger der Kranken, Reisenden und Auswanderer ist, verbreitet; der Vorn. wurde in Deutschland aber nie volkstümlich und wird heute selten gewählt
Andere Formen: **Raffael, Rafael; Raffaele; Raffaelo** (italien.)
Namenstag: 29. September

Raphaela weibl. Form zu Raphael
Andere Formen: **Raffaela** (italien.)

Rautgunde weibl., erster Namensbestandteil ungeklärt und ahd. »gund« (Kampf)
Andere Formen: **Rautgund, Raute**

Rebekka weibl., aus der Bibel übernommener Vorn. hebr. Ursprungs (die Fesselnde); nach dem Alten Testament ist Rebekka die Gattin Isaaks und Mutter von Esau und Jakob
Verbreitung: wahrscheinlich durch die Heldin in W. Scotts Roman »Ivanhoe« (1819) bekannt geworden, gilt als modern und wird öfter gewählt
Andere Formen: **Rebecca** (engl.)

Regina weibl., aus dem lat. »regina« (Königin); damit ist nach christlicher Bedeutung Maria als Himmelskönigin gemeint
Andere Formen: **Regine, Gina, Ina, Rega**
Namenstag: 7. September

Regula weibl., wahrscheinlich latinisierte Form eines Vorn. mit dem ahd. »regin« (Rat, Beschluss), später mit dem lat. »regula« (Regel, Richtschnur) gleichgesetzt
Andere Formen: **Regele**
Namenstag: 11. September

Regina

Reimar männl., aus dem ahd. »regin« (Rat, Beschluss) und »mari« (berühmt)
Andere Formen: **Reinmar, Raimar, Raimer, Reimer**

Reinhard männl., aus dem ahd. »regin« (Rat, Beschluss) und »harti« (hart, stark)
Andere Formen: **Reinhart, Raginhard** *Bekannte Namensträger:* Reinhard Mey, deutscher Liedermacher (geb. 1942)

Reinharda weibl. Form zu Reinhard
Andere Formen: **Reinharde**

Reinhild weibl., aus dem ahd. »regin« (Rat, Beschluss) und »hiltja« (Kampf)
Verbreitung: durch die Verehrung der heiligen Reinhild, die 680 von den Friesen ermordet wurde, in Deutschland verbreitet; heute selten gewählt
Andere Formen: **Reinhilde, Rendel; Ragna, Randi, Ragnhild** (nord.)
Bekannte Namensträger: Reinhild Hoffmann, deutsche Choreografin (geb. 1943)
Namenstag: 30. Mai

Reinmar männl., Nebenform zu Reimar
Bekannte Namensträger: Reinmar von Hagenau, mittelhochdeutscher Dichter (12./13. Jh.)

Reinold männl., aus dem ahd. »regin« (Rat, Beschluss) und »waltan« (walten, herrschen) entstand Raginald, aus dem sich Reinold entwickelt hat
Verbreitung: im Mittelalter durch die Verehrung des heiligen Reinoldus, Schutzpatron von Dortmund, verbreitet und volkstümlich geworden; auch heute noch weit verbreitet und öfter gewählt
Andere Formen: **Raginald, Reinald, Reinhold; Reginald,**

Reinulf

Remigius

Rex (engl.); **Renaud, Renault** (französ.); **Rinaldo** (italien.); **Ronald** (schott.)
Namenstag: 7. Januar

Reinulf männl., aus dem ahd. »regin« (Rat, Beschluss) und »wolf« (Wolf)

Reja weibl., aus dem Russ. übernommener Vorn. lat. Ursprungs von »aurea« (golden)
Andere Formen: **Rejane**

Remigius männl., aus dem lat. »remigare« (rudern), der heilige Remigius war im 6. Jh. Missionar in Franken

Remus männl., aus dem lat. »remus« (Ruder); der Sage nach ist Remus der Bruder von Romulus und Mitbegründer Roms, die beiden Brüder sollen ausgesetzt und von einer Wölfin gesäugt worden sein; bei der Stadtgründung wurde Remus von seinem Bruder im Jähzorn erschlagen

Renate weibl., aus dem lat. »renatus« (wieder geboren)

Verbreitung: seit der Jahrhundertwende durch Zeitungs- und Zeitschriftenromane bekannt geworden, seit etwa 1920 verstärkt gewählt und in den Nachkriegsjahren sehr beliebter Vorn.; heute vor allem in der Schweiz verbreitet

Andere Formen: **Rena, Reni, Rene, Nate, Nata, Nati; Rentje** (fries.); **Renata** (italien.); **Renée, Renette** (französ.)

Namenstag: 22. Mai

Renatus männl., aus dem lat. »renatus« (wieder geboren)

Verbreitung: im Gegensatz zu Renate ist Renatus im deutschen Sprachraum nicht volkstümlich geworden und wird sehr selten gewählt

Andere Formen: **Renato, Reno** (italien.)

Namenstag: 6. Oktober

René männl., französ. Form zu Renatus, gilt heute als modern und wird häufig gewählt

Bekannte Namensträger: René Schickele, französ. Schriftsteller (1883 bis 1940); René Clair, französ. Filmregisseur (1898 bis 1981); René Kollo, deutscher Opernsänger (geb. 1937)

Renatus

Rhea weibl., aus der griech. Mythologie übernommener Vorn.; Rhea ist die Gemahlin des Kronos und Mutter des Zeus und Poseidons
Andere Formen: **Rea**
Rhoda weibl., aus dem Engl. übernommener Vorn. griech. Ursprungs, »rhódon« (Rose)
Richard männl., aus dem Engl. übernommener Vorn., der aus Begeisterung für Shakespeares Königsdramen »Richard II.« und »Richard III.« in der ersten Hälfte des 19. Jh. in den deutschen Sprachgebrauch übernommen wurde; zu ahd. »rihhi« (mächtig, reich) und »harti« (hart, stark)
Verbreitung: in der zweiten Hälfte des 19. Jh. volkstümlich geworden und seitdem kontinuierlich verbreitet
Andere Formen: **Reich, Ritsch; Riek, Righard, Rikkert, Rikkart, Ritserd, Ritzert, Ritser, Ritzard** (fries.); **Rick, Ricky, Dick, Dicky, Hick, Hobe** (engl.); **Riccardo, Ricco** (italien.); **Ricardo, Rico** (span.); **Ricard** (französ.); **Rickard** (schwed.)
Bekannte Namensträger: Richard Löwenherz, engl. König (1157 bis 1199); Richard Wagner, deutscher Komponist (1813 bis 1883); Richard Dehmel, deutscher Lyriker (1863 bis 1920); Richard Strauss, österr. Komponist (1864 bis 1949); Richard von Weizsäcker, ehemaliger deutscher Bundespräsident (geb. 1920)
Namenstag: 3. April
Richarda weibl. Form zu Richard
Verbreitung: durch die heilige Richarda, die im 9. Jh. das Kloster Andlau gründete und deutsche Kaiserin war, bekannt, aber nicht sehr verbreitet; beliebter sind heute die italien. Formen

Robert

Andere Formen: **Rika, Richardine, Richardis; Riccarda, Rica, Carda** (italien.); **Ricarda** (span.)

Ringolf männl., aus dem ahd. »regin« (Rat, Beschluss) und »wolf« (Wolf)
Andere Formen: **Ringo**

Rita weibl., Kurzform zu Margareta
Bekannte Namensträger: Rita Hayworth, amerikan. Filmschauspielerin (1918 bis 1987); Rita Süssmuth, deutsche Politikerin (geb. 1937)
Namenstag: 22. Mai

Roald männl., nord. Form zu Rodewald
Bekannte Namensträger: Roald Amundsen, norweg. Polarforscher (1872 bis 1928); Roald Dahl, engl. Schriftsteller (1916 bis 1990)

Robert männl., Nebenform zu Rupert
Verbreitung: im Mittelalter im niederd. Sprachgebiet verbreitet, dann nach Frankreich vorgedrungen; als Adels- und Herrschername gebräuchlich und mit den Normannen nach England gelangt; dort wurde er volkstümlich; in Deutschland wurde der Vorn. erst im 18. Jh. mit der Ritterdichtung neu belebt und verbreitet; heute öfter gewählt
Andere Formen: **Rodebert; Bob, Bobby, Hob, Rob, Robby, Robin, Dobby, Pop** (engl.); **Roberto** (italien.); **Röbbe** (fries.)
Bekannte Namensträger: Robert Guiscard, französ. Herzog (um 1015 bis 1085); Robert Bunsen, deutscher Chemiker (1811 bis 1899); Robert Schumann, deutscher Komponist (1810 bis 1856); Robert Koch, deutscher Bakteriologe und Nobelpreisträger (1843 bis 1910); Robert Musil, österr.

Schriftsteller (1880 bis 1942); Robert Redford, amerikan. Schauspieler und Regisseur (geb. 1937)
Namenstag: 17. September

Roberta weibl. Form zu Robert
Andere Formen: **Roberte, Robertine**

Rochus männl., latinisierte Form des alten Vorn. Roch; aus dem german. »rohon« (schreien, Kriegsruf)
Verbreitung: seit dem Mittelalter durch den heiligen Rochus, Schutzheiliger gegen Seuchen und einer der 14 Nothelfer, verbreitet; heute spielt der Vorn. bis auf die Nebenformen keine Rolle mehr
Andere Formen: **Rock, Rocky** (amerikan.); **Roch** (französ.); **Rocco** (italien.); **Roque, Roche** (span.)

Rochus

Bekannte Namensträger: Rochus von Montpellier, legendärer (?) Heiliger (um 1295 bis 1327); Rock Hudson, amerikan. Schauspieler (1925 bis 1985)
Namenstag: 16. August

Rodelind weibl., aus dem german. »hroth« (Ruhm) und dem ahd. »linta« (Schutzschild aus Lindenholz)
Andere Formen: **Rosalind, Rosalinde, Roselinde**

Roderich männl., aus german. »hroth« (Ruhm) und dem ahd. »rihhi« (reich, mächtig)
Verbreitung: als Name des letzten westgotischen Königs (8. Jh.) bekannt geworden, vor allem durch die Dramen von Geibel und Dahn; heute selten gewählt

Andere Formen: **Roderick** (engl.); **Roderic** (französ.); **Rodrigo, Rodrigue** (italien., span., portug.); **Rurik** (russ., nord.)

Rodewald männl., aus dem german. »hroth« (Ruhm) und dem ahd. »waltan« (walten, herrschen)

Roger männl., niederd., engl. und französ. Form zu Rüdiger; mit den Normannen nach England vorgedrungen und dort weit verbreitet; unter engl. und französ. Einfluss um 1900 nach Deutschland gelangt; gilt heute als modern
Andere Formen: **Rodger, Rodge**
Bekannte Namensträger: Roger Bacon, engl. Philosoph und Physiker (um 1219 bis 1294); Roger Moore, engl. Schauspieler (geb. 1928)
Namenstag: 4. Januar

Roland männl., aus dem german. »hroth« (Ruhm, Ehre) und dem ahd. »lant« (Land)
Verbreitung: Roland ist eine Gestalt aus dem Kreis um Karl den Großen und soll 778 im Kampf gegen die Basken bei Roncevalles gefallen sein; Verehrung durch das bekannte Rolandslied; im 20. Jh. besonders oft in den 60er und 70er Jahren gewählt
Andere Formen: **Ruland; Rowland** (engl.); **Rolland** (französ.); **Orlando** (italien.); **Rolando** (span.) *Namenstag:* 14. Juli, 15. September

Rolande weibl. Form zu Roland
Andere Formen: **Rolanda**

Rolf männl., Nebenform zu Rudolf, sehr weit verbreiteter Vorn., der auch heute noch öfter gewählt wird
Bekannte Namensträger: Rolf Hochhuth, deutscher Schriftsteller (geb. 1931)

Romana weibl. Form zu Romanus
Andere Formen: **Roma; Romane, Romaine** (französ.); **Romika** (ungar.)

Romanus männl., aus dem lat. »romanus« (der Römer)
Verbreitung: im Mittelalter als Heiligenname verbreitet
Andere Formen: **Roman; Romain** (französ.); **Romano** (italien.); **Romek** (poln.) *Bekannte Namensträger:* Roman Herzog, deutscher Bundespräsident (geb. 1934)

Ronny männl., Kurzform zu Ronald, der schott. Form zu Reinold; Ronni und Ronnie sind weibl. Kurzformen zu Veronika

Rosa weibl., aus dem Italien. übernommener Vorn. lat. Ursprungs, »rosa« (die Rose), auch Kurzform zu Roswitha
Verbreitung: seit dem Mittelalter im deutschsprachigen Raum bekannt, aber erst im 19. Jh. durch die Rosa in Vulpius' viel gelesenem Roman »Rinaldo Rinaldini« stärker verbreitet
Andere Formen: **Ros, Rosalie, Rosi, Rose, Rosel; Rosalia, Rosella, Rosetta** (italien.); **Roselita, Rosita** (span.); **Rosika** (ungar.)
Bekannte Namensträger: heilige Rosa von Lima, Patronin Amerikas (1586 bis 1617); Rosa Luxemburg, deutsche Politikerin (1871 bis 1919)
Namenstag: 23. August

Rosamunde weibl., aus dem ahd. »hruom« (Ruhm, Ehre)

und »munt« (Schutz) *Bekannte Namensträger:* Rosamunde Pilcher, engl. Schriftstellerin (geb. 1924)

Roswitha weibl., eigentlich »die Ruhmesstarke«, aus dem ahd. »hruod« (Ruhm) und »swinths« (stark); Namensvorbild war die Nonne Roswitha von Gandersheim (10. Jh.), die als erste deutsche Dichterin angesehen wird
Andere Formen: **Hroswitha, Roswita**

Rotraud weibl., aus dem ahd. »hruod« (Ruhm) und »trud« (Kraft); durch E. Mörikes Gedicht »Schön Rohtraut« bekannt
Andere Formen: **Rotrud, Rutrud**

Rowena weibl., Phantasiename, von W. Scott in seinem historischen Roman »Ivanhoe« zum ersten Mal benutzt (Rowena war eine legendäre angelsächs. Prinzessin), vielleicht von altengl. »hreod« (Ruhm) und ahd. »wini« (Freund)

Roxana weibl., aus dem pers. »roschana« (die Glänzende, Morgenröte); die Gattin Alexanders des Großen hieß Roxana
Andere Formen: **Roxane, Roxanne**

Roy männl., aus dem Engl. übernommener Vorn. kelt. Ursprungs, »ruadh« (rot)
Bekannte Namensträger: Roy Orbison, amerikan. Popmusiker (1936 bis 1988)

Ruben männl., aus der Bibel übernommener Vorn. hebr. Ursprungs, eigentlich »seht, ein Sohn!«; Ruben ist in der Bibel der älteste Sohn Jakobs
Andere Formen: **Rouven, Reuben** (engl.)

Rüdiger männl., aus dem german. »hroth« (Ruhm, Ehre) und dem ahd. »ger« (Speer)

Rudolf

Verbreitung: im Mittelalter beliebter Vorn., der dann in Vergessenheit geriet und erst im 19. Jh. durch die Neuentdeckung des Nibelungenliedes wieder häufiger gewählt wurde

Andere Formen: **Rodger, Rudgar, Rüdeger, Rudger, Rütger; Roger** (engl., französ.); **Rogier** (niederländ.); **Ruggiero** (italien.); **Roar** (nord.)

Rudolf männl., aus dem german. »hroth« (Ruhm, Ehre) und dem ahd. »wolf« (Wolf)

Verbreitung: seit dem Mittelalter in Deutschland beliebt und durch Rudolf von Habsburg (13. Jh.) volkstümlich geworden; im 19. Jh. wurde der Vorn. wieder neu belebt und vor allem in Süddeutschland und der Schweiz häufiger gewählt

Andere Formen: **Rolf, Rollo, Rudi, Ruodi, Rudo, Dolf; Rudolph, Rolph** (engl.); **Rodolphe, Roux, Raulf** (französ.); **Roele, Roelef** (fries.); **Rodolfo, Ridolfo** (italien.); **Ruedi** (schweiz.); **Rudolfo** (span.)

Bekannte Namensträger: Rudolf Virchow, deutscher Pathologe (1821 bis 1902); Rudolf Diesel, Erfinder der Verbrennungskraftmaschine (1858 bis 1913); Rudolf Binding, deutscher Schriftsteller (1867 bis 1938); Rudolf Steiner, österr. Anthroposoph (1861 bis 1925); Rudolf Platte, deutscher Schauspieler (1904 bis 1984); Rudolf Augstein, Journalist und Herausgeber des »Spiegel« (1923 bis 2002)

Namenstag: 6. November

Rudolfa weibl. Form zu Rudolf *Andere Formen:* **Rudolfine**

Runhild weibl., aus dem ahd. »runa« (Geheimnis, Zauber) und »hiltja« (Kampf)

Andere Formen: **Runhilde**

Rupert männl., aus dem german. »hroth« (Ruhm, Ehre) und dem ahd. »beraht« (glänzend)
Verbreitung: Namensvorbild war der heilige Rupert, erster Bischof von Salzburg und Schutzpatron Bayerns (7./8. Jh.); der Vorn. war so weit verbreitet, dass seine süddeutsche Koseform »Rüpel« abgewertet wurde und seitdem als Bezeichnung für einen flegelhaften Menschen gebraucht wird
Andere Formen: **Ruppert, Ruppertus, Ruprecht, Robert**
Namenstag: 24. September
Ruperta weibl. Form zu Rupert
Ruth weibl., aus der Bibel übernommener Vorn. hebr. Ursprungs, eigentlich »Freundin, Freundschaft«; die Titel-

Runhild

heldin eines Buches im Alten Testament ist die Stammmutter des judäischen Königshauses; seit 1900 verstärkt gewählt, nicht nur in jüdischen Familien
Andere Formen: **Rut** (skand.)
Bekannte Namensträger: Ruth Schaumann, deutsche Schriftstellerin (1899 bis 1975); Ruth Leuwerik, deutsche Filmschauspielerin (geb. 1926)

Ruthard männl., aus dem german. »hroth« (Ruhm, Ehre) und ahd. »harti« (hart)

Der Ruf muss dem Namen nicht bloß Unverweslichkeit, sondern Wohlgeruch schenken.

Jean Paul

Sabine weibl., aus dem Lat., eigentlich »die Sabinerin«
Verbreitung: seit dem Mittelalter als Name einiger Heiliger verbreitet, aber selten gewählt; um 1900 durch Zeitungs- und Zeitschriftenromane wieder belebt; große Verbreitung bereits in den 60er Jahren, rückläufig in den 70er Jahren, dennoch anhaltende Beliebtheit
Andere Formen: **Sabina, Bine; Savina** (italien.)
Bekannte Namensträger: Sabine Sinjen, deutsche Schauspielerin (1942 bis 1995); Sabine Christiansen, deutsche Fernsehjournalistin (geb. 1957)
Namenstag: 29. August

Sabrina weibl., aus dem Engl. übernommener Vorn., eigentlich Name einer Nymphe des Flusses Severn; nach 1954 durch den Film »Sabrina« mit Audrey Hepburn in Deutschland bekannt geworden

Sachso männl., aus dem ahd. »sahsun« (Sachse); der Vorn. wurde früher als Beiname vergeben, heute kaum noch gewählt

Salome weibl. Form zu Salomon; seit dem 16. Jh. im

deutschsprachigen Raum bekannt, vor allem durch mehrere biblische Gestalten
Namenstag: 22. Oktober

Salomon   männl., aus der Bibel übernommener Vorn. hebr. Ursprungs, eigentlich »der Friedliche«; der sagenumwobene König Salomon galt im Orient als das Idealbild eines weisen und gerechten Herrschers, daher auch das »salomonische Urteil«
Andere Formen: **Salomo, Salim, Sallo; Solomon** (engl.); **Selim** (arab.); **Salli** (hebr.); **Suleiman** (pers.)

Salwija   weibl., aus dem Slaw. übernommener Vorn. lat. Ursprungs von »salvus« (gesund, wohlbehalten)
Andere Formen: **Salwa, Salka, Salvina**

Samantha   weibl., aus dem Amerikan. übernommener Vorn. hebr. Ursprungs, eigentlich »die Zuhörerin«; seit etwa 1960 aufkommender Vorn., der öfter gewählt wird
Bekannte Namensträger: Samantha Fox, engl. Sängerin (geb. 1966)

Samantha

Samson   männl., aus der Bibel übernommener Vorn. hebr. Ursprungs, eigentlich »kleine Sonne«; der Legende nach verfügte Samson über unheimliche Kräfte
Andere Formen: **Simson**

Samuel   männl., aus der Bibel übernommener Vorn. hebr.

Ursprungs von »schmu'el« (von Gott erhört); Samuel salbte David zum König
Verbreitung: im Mittelalter, wie viele Vorn. aus dem Alten Testament, weit verbreitet; heute im deutschsprachigen Raum selten gewählt, dagegen in England und Amerika noch weit verbreitet
Andere Formen: **Sam, Sämi; Sammy** (engl.); **Sallie** (hebr.); **Shmuel** (jüdisch)
Bekannte Namensträger: Samuel Hahnemann, Begründer der Homöopathie (1755 bis 1843); Samuel Fischer, deutscher Verleger (1859 bis 1934); Samuel Beckett, irischer Dramatiker (1906 bis 1989)

Sandra weibl., Kurzform zu Alexandra
Andere Formen: **Sandrina, Sandrine, Sandria**
Namenstag: 20. März, 21. April

Saphira weibl., aus der Bibel übernommener Vorn. hebr. Ursprungs, eigentlich »schön, Edelstein«

Sara/Sarah weibl., aus der Bibel übernommener Vorn. hebr. Ursprungs, eigentlich »die Fürstin«
Verbreitung: im Alten Testament ist Sarah die Gattin Abrahams und Mutter Isaaks; seit dem 16. Jh. verbreitet, aber nie volkstümlich geworden; im Dritten Reich wurde jede Jüdin mit dem amtlich verordneten Beinamen Sarah gebrandmarkt, daher die Abwertung des Vorn. in der Nachkriegszeit; heute ist der Vorn. wieder beliebt
Andere Formen: **Sarina, Sally, Zara, Zarah; Sad, Sadie, Sally** (amerikan.); **Sari** (finn., ungar.)
Bekannte Namensträger: Sarah Bernhardt, französ. Schauspielerin (1844 bis 1923); Sarah Kirsch, deutsche Schriftstellerin (geb. 1935) *Namenstag:* 13. Juli, 9. Oktober

Sascha männl., russ. Form zu Alexander und weibl., russ. Form zu Alexandra; eindeutiger Zweitname erforderlich; zur Beliebtheit haben die Romane Leo N. Tolstois beigetragen

Saskia weibl. Form zu Sachso
Bekannte Namensträger: Saskia van Uijlenburgh, Gattin von Rembrandt (gest. 1642)

Saul männl., aus der Bibel übernommener Vorn. hebr. Ursprungs, eigentlich »der Erbetene«

Scarlett weibl., aus dem Engl. übernommener Vorn., eigentlich »die Rothaarige«, der Vorn. wurde in Deutschland durch die Gestalt der Scarlett O'Hara aus M. Mitchells Roman »Vom Winde verweht« (1936) bekannt

Scarlett

Sebastian männl., aus dem Griech., eigentlich »der Verehrungswürdige, der Erhabene«
Verbreitung: seit dem späten Mittelalter als Name des heiligen Sebastian, des Schutzpatrons der Jäger, Soldaten und Schützen, verbreitet
Andere Formen: **Bastian, Basti, Wastel** (bayr.); **Basch, Bascho, Bastia** (schweiz.); **Sébastien** (französ.); **Sebastiano, Bastiano, Basto** (italien.)
Bekannte Namensträger: Johann Sebastian Bach, deutscher Komponist (1685 bis 1750); Sebastian Kneipp, Entdecker des Wasserheilverfahrens (1821 bis 1897)
Namenstag: 20. Januar

Sebastiane weibl. Form zu Sebastian

Seraph

Selina

Selene weibl., aus dem Griech. übernommener Vorn., der die griech. Mondgöttin und Schwester des Helios bezeichnet
Andere Formen: **Seline; Selena, Selinda** (engl.)

Selina weibl., aus dem Engl. übernommener Vorn., entweder aus dem lat. »caelum« (Himmel) oder Kurzform zu Marceline, einer Nebenform zu Marcella

Selma weibl., Kurzform zu Anselma oder arab.-türkische Form zu Salome; Selma wurde auch aus der Ossian-Dichtung des Schotten J. Macpherson übernommen und im 18. Jh. in Deutschland bekannt
Bekannte Namensträger: Selma Lagerlöf, schwed. Schriftstellerin (1858 bis 1940)

Selmar männl., aus dem altsächs. »seli« (Saalhaus) und dem ahd. »mari« (berühmt) oder nach dem weibl. Vorn. Selma

Seraph männl., aus dem Hebr. übernommener Vorn., eigentlich »der Leuchtende«; die Form »Seraphim« kann als Vorn. nicht benutzt werden, da es sich um die Mehrzahl von Seraph handelt, dagegen ist »Seraphin« durch einen Heiligen gleichen Namens (16./17. Jh.) belegt

Seraphia weibl. Form zu Seraph
Andere Formen: **Seraphine, Seraphina**

Serena weibl. Form zu Serenus

Serenus männl., aus dem lat. »serenus« (heiter, glücklich)

Sergia weibl. Form zu Sergius

Sergius männl., aus dem lat. »sergius« (altröm. Sippenname, ursprünglich wohl Diener)
Verbreitung: der Vorn. ist vor allem in Osteuropa durch die Verehrung des heiligen Sergius (3./4. Jh.) verbreitet; im Mittelalter diente er auch als Papstname; heute selten gewählt
Andere Formen: **Serge** (französ., engl.); **Sergej** (russ.); **Sergio** (italien., span.); **Sergin** (rumän.)
Namenstag: 8. September

Servatius männl., aus dem Lat. übernommener Vorn., eigentlich »der Gerettete«

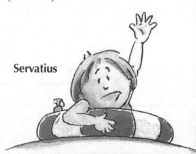
Servatius

Verbreitung: durch die Verehrung des heiligen Servatius, der im 3. Jh. Bischof von Tongern war, wurde der Vorn. schon zeitig in Nordwestdeutschland verbreitet; Servatius ist neben Bonifatius und Pankratius auch einer der Eisheiligen
Andere Formen: **Vaaz, Servas; Servaas** (niederländ.); **Servais** (französ.); **Servazio** (italien.)
Namenstag: 13. Mai

Sibylle

Severa weibl. Form zu Severus

Severin männl., aus dem lat. »severus« (ernsthaft, streng); ursprünglich war der Vorn. ein altröm. Bei- und Familienname, der vor allem in Nordwestdeutschland verbreitet war; heute kaum noch gewählt
Andere Formen: **Sören** (dän., niederländ.)
Namenstag: 23. Oktober

Severina weibl. Form zu Severin
Andere Formen: **Severine**

Severus männl., aus dem lat. »severus« (ernsthaft, streng)

Shirley weibl., engl. Vorn., der sich aus einem Familiennamen entwickelt hat, der seinerseits auf einen Ortsnamen in England zurückgeht, eigentlich »die von der hellen Weide«; seit etwa 1930 durch den amerikan. Filmstar Shirley Temple besonders in England und Amerika beliebt, in Deutschland auch durch die Schauspielerin Shirley MacLaine bekannt geworden

Sibylle weibl., aus dem Griech. übernommener Vorn., »Seherin, Gottesraterin«; die griech. Sibyllen verkündeten den Willen Apollos (und später des Zeus) und galten als Weissagerinnen und Priesterinnen (Sibyllenbücher)
Verbreitung: Sibylle von Cumae soll Christi Geburt vorausgesagt haben, deshalb starke Verbreitung des Vorn. im späten Mittelalter; um 1900 wurde der Vorn. durch Zeitungs- und Zeitschriftenromane neu belebt und ist auch heute noch weit verbreitet
Andere Formen: **Sibylla, Bilke, Billa; Sybil, Sib, Sibyl** (engl.)
Namenstag: 9. Oktober

Siegbald männl., aus dem ahd. »sigu« (Sieg) und »bald« (kühn)
Andere Formen: **Sebald, Siebold, Siegbold, Seibold; Sebo, Sibo** (fries.)

Siegbert männl., aus dem ahd. »sigu« (Sieg) und »beraht« (glänzend)
Andere Formen: **Sebert, Sebe, Sibe, Sitt, Sigbert, Sigisbert**
Namenstag: 1. Februar

Siegburg weibl., aus dem ahd. »sigu« (Sieg) und »burg« (Schutz)
Andere Formen: **Siegburga**

Siegfried männl., aus dem ahd. »sigu« (Sieg) und »fridu« (Friede)
Verbreitung: seit dem Mittelalter beliebt; der Drachentöter Siegfried ist Held der Nibelungensage; durch R. Wagners

Siegfried

Opernzyklus »Ring des Nibelungen« im 19. Jh. zunehmende Beliebtheit
Andere Formen: **Sefried, Segelke, Siffried, Sigfried, Sigge, Siggi, Sigi, Sizzo**
Bekannte Namensträger: Siegfried Wagner, Sohn Richard Wagners (1869 bis 1930); Siegfried Lenz, deutscher Schriftsteller (geb. 1926)
Namenstag: 15. Februar

Siegfriede weibl. Form zu Siegfried

Sieghard männl., aus dem ahd. »sigu« (Sieg) und »harti« (hart)
Andere Formen: **Sieghart, Sighart; Siaard, Sierd** (fries.); **Siccard** (französ.)

Sieghild weibl., aus dem ahd. »sigu« (Sieg) und »hiltja« (Kampf)
Andere Formen: **Sieghilde**

Sieglinde weibl., aus dem ahd. »sigu« (Sieg) und »linta« (Schutzschild aus Lindenholz); in der Nibelungensage trägt Siegfrieds Mutter diesen Namen; durch R. Wagners Oper »Walküre« wurde der Vorn. im 19. Jh. wieder häufiger gewählt
Andere Formen: **Siglinde, Selinde**

Siegmar männl., aus dem ahd. »sigu« (Sieg) und »mari« (berühmt)
Andere Formen: **Sigmar, Segimer**

Siegmund männl., aus dem ahd. »sigu« (Sieg) und »munt« (Schutz der Unmündigen)
Verbreitung: seit dem Mittelalter ist vor allem die Neben-

Siegmunde

form »Sigismund« geläufig; im 19. Jh. wurde Siegmund, wie andere Namen der Heldensage, verstärkt gewählt (in der Nibelungensage ist Siegmund der Vater Siegfrieds)
Andere Formen: **Sigismund, Sigmund, Segimund; Sigismond** (französ.); **Sigismondo, Gismondo** (italien.); **Zygmunt** (poln.); **Zsigmond** (ungar.)
Bekannte Namensträger: Sigmund Freud, Begründer der Psychoanalyse (1856 bis 1939)
Namenstag: 2. Mai

Siegmunde weibl. Form zu Siegmund
Andere Formen: **Sigismunde, Siegmunda; Sigismonda, Gismonda** (italien.)

Siegward männl., aus dem ahd. »sigu« (Sieg) und »wart« (Hüter)
Andere Formen: **Siegwart, Sievert, Siwert; Sigurd** (skand.)

Sigrid weibl., aus dem Nord. übernommener Vorn., zu altisländ. »sigr« (Sieg) und »fridhr« (schön)
Verbreitung: durch die Übersetzung skand. Literatur um 1900 vor allem in Adelskreisen verbreitet, seit den 20er Jahren zunehmend gewählt
Andere Formen: **Siegrid; Sigga, Sigri, Siri, Sirid** (schwed.)
Bekannte Namensträger: Sigrid Undset, norweg. Erzählerin und Nobelpreisträgerin (1882 bis 1949)
Namenstag: 7. Januar

Sigrun weibl., aus dem ahd. »sigu« (Sieg) und

»runa« (Geheimnis); in der nord. Sage bewahrt die Walküre Sigrun Helgi über den Tod hinaus ihre Liebe
Andere Formen: **Siegrun, Sirun**

Sigune weibl., aus dem Nord. übernommener Vorn. zu altisländ. »sigr« (Sieg) und »unn« (Welle, Flut), wahrscheinlich geht der Vorn. auf die Gestalt der Sigune im »Parzival« von Wolfram von Eschenbach zurück

Silke weibl., schwed. Form zu Cäcilie
Andere Formen: **Silka**

Silvana weibl. Form zu Silvanus
Andere Formen: **Sylvana**

Silvanus männl., aus dem Lat. übernommener Vorn. zu »silva« (Wald), Silvanus war der Name eines altröm. Waldgottes
Verbreitung: seit dem Mittelalter in Deutschland bekannt, aber wenig gewählt; eine größere Verbreitung erreichten die Kurz- und Nebenformen zu Silvanus
Andere Formen: **Silvius, Silvan; Silvio, Silvano** (italien.); **Silvain, Sylvain** (französ.)

Silvia weibl. Form zu Silvius, einer Nebenform zu Silvanus; Rhea Silvia ist der Legende nach die Mutter der Zwillinge Romulus und Remus, der Gründer Roms
Verbreitung: seit dem Mittelalter im deutschsprachigen Raum verbreitet; im 18. Jh. durch die Schäferpoesie belebt; in den 60er und 70er Jahren galt der Vorn. als modern, auch durch die schwed. Königin Silvia; heute nicht mehr so häufig gewählt
Andere Formen: **Sylvia; Silvetta** (italien.); **Silvette** (französ.); **Sylvi** (skand.); **Silva** (schwed., tschech.)
Namenstag: 3. November

Simeon männl., aus der Bibel
übernommener Vorn. hebr. Ursprungs,
eigentlich »(Geschenk)
der Erhörung«; nach dem Alten
Testament ist Simeon einer der Söhne Jakobs
Namenstag: 5. Januar, 8. Oktober

Simon männl., aus der Bibel übernommener Vorn., Nebenform zu Simeon; Namen gebend waren der Apostel Simon, Simon der Herrenbruder und Simon Petrus, der spätere Apostel Petrus
Verbreitung: seit der Reformation in Deutschland oft gewählt
Andere Formen: **Simón** (französ.); **Semjon** (russ.)
Bekannte Namensträger: Simon Dach, deutscher Dichter (1605 bis 1659)
Namenstag: 18. Februar, 28. Oktober

Simone weibl. Form zu Simon
Andere Formen: **Simona, Simonette, Simonetta**
Bekannte Namensträger: Simone de Beauvoir, französ. Schriftstellerin (1908 bis 1986); Simone Signoret, französ. Schauspielerin (1921 bis 1985)
Namenstag: 18. Februar, 28. Oktober

Sintram männl., aus dem ahd. »sind« (Weg, Reise) und »hraban« (Rabe) *Andere Formen:* **Sindram**

Sirena weibl., aus der griech. Mythologie übernommener Vorn., der eine singende Meerjungfrau bezeichnet; die Sirenen sollen mit ihrem Gesang die Seeleute um den Verstand gebracht haben, die mit ihren Schiffen auf Riffe auffuhren und ums Leben kamen
Andere Formen: **Sira**

Sixta weibl. Form zu Sixtus; bekannt durch die um 1515 von Raffael gemalte »Sixtinische Madonna«
Andere Formen: **Sixtina; Sixtine** (französ.)

Sixtus männl., lat. Umbildung des griech. Beinamens »xystós« (der Feine, Glatte); der Vorn. wurde vor allem durch verschiedene Päpste bekannt (Sixtus IV. ließ 1473 die »Sixtinische Kapelle« erbauen)
Andere Formen: **Sixt; Sixte** (französ.); **Sisto** (italien.)

Solveig weibl., aus dem skand. »sal« (Saal) und »vig« (Kampf); durch die deutsche Übersetzung von Ibsens »Peer Gynt« (1881) im deutschsprachigen Raum bekannt geworden; der Vorn. galt Mitte der 60er Jahre als modern, heute weniger gewählt

Söncke männl., norddeutscher und fries. Vorn., der eigentlich »Söhnchen« bedeutet
Andere Formen: **Sönke, Sönnich**

Sintram

Sonja weibl., russ. Koseform zu Sophia
Bekannte Namensträger: Sonja Ziemann, deutsche Schauspielerin (geb. 1925)
Namenstag: 15. Mai

Sonngard weibl., Neubildung aus »Sonne« und »-gard«

Sophia/Sophie weibl., aus dem griech. »sophia« (Weisheit); im Altertum wurde die »hagia sophia« (heilige Weisheit) als Umschreibung für Christus gebraucht, danach für die Kirche selbst
Verbreitung: die heilige Sophia (2. Jh.), die besonders im Elsass verehrt wird, ist als »kalte Sophie« (die letzte Eisheilige am 15. Mai) volkstümlich geworden; um 1900 war der Vorn. besonders verbreitet
Andere Formen: **Fei, Fey, Fi, Fieke, Fia, Sofia, Sofie, Soffi; Sophy** (engl.); **Zofia** (poln.); **Sonja, Sonia** (russ.)
Bekannte Namensträger: Sophia Loren, italien. Filmschauspielerin (geb. 1934); Sophie Scholl, Widerstandskämpferin gegen das Hitlerregime (1921 bis 1943)
Namenstag: 15. Mai

Soraya weibl., aus dem Pers. übernommener Vorn., eigentlich »gute Fürstin«; der Vorn. wurde durch die zweite Frau des ehemaligen pers. Schahs Mohammed Resa Pahlewi in Deutschland bekannt und wird seitdem gelegentlich gewählt

Sören männl., dän. und niederländ. Form von Severin
Bekannte Namensträger: Sören Kierkegaard, dän. Religionsphilosoph (1813 bis 1855)

Stanislaus männl., latinisierte Form des slaw. Vorn. Stanislaw, aus dem altslaw. »stani« (standhaft) und »slava« (Ruhm)

Verbreitung: der heilige Stanislaus (um 1030 bis 1079) war Bischof von Krakau und ist der Schutzpatron Polens; im deutschsprachigen Raum um 1900 vor allem in katholischen Familien verbreitet; gegenwärtig selten gewählt
Andere Formen: **Stasch, Stani, Stanko, Stan, Stano, Stasik; Stanislaw** (slaw.); **Stanislao** (italien.); **Stanislas** (französ.); **Stenzel** (schles.); **Stanes, Stanisl, Stanel, Stanerl** (bayr.)
Bekannte Namensträger: Stanislaus Leszczynski, König von Polen und Herzog von Lothringen (17./18. Jh.)
Namenstag: 11. April, 13. November

Stanley männl., aus dem Engl. übernommener Vorn., der sich aus einem Familiennamen entwickelt hat, der seinerseits wieder auf einen Ortsnamen zurückgeht (steiniges Feld)

Stefan/Stephan männl., aus dem griech. »stéphanos« (Kranz, Krone)
Verbreitung: durch die Verehrung des heiligen Stephanus, der vor den Toren Jerusalems gesteinigt wurde, erlangte der Vorn. im Mittelalter sehr große Beliebtheit; in der Neuzeit wurde der Vorn. in der zweiten Hälfte des 19. Jh. wiederbelebt

Stefan

Andere Formen: **Steffen** (niederd.); **Steffel** (bayr.); **Stephen, Steve, Steven** (engl.); **Étienne, Estienne, Stéphane** (französ.); **Stefano** (italien.); **Steven** (niederländ.); **Esté-**

ban, Estévan (span.); **Stepan, Stenka, Stepka, Stepko, Sczepan** (slaw.); **István** (ungar.)

Bekannte Namensträger: Stephan Lochner, deutscher Maler (um 1410 bis 1451); Stefan George, deutscher Dichter (1868 bis 1933); Stefan Andres, deutscher Erzähler (1906 bis 1970); Stefan Zweig, deutscher Schriftsteller (1881 bis 1942) *Namenstag:* 26. Dezember

Stefanie/Stephanie weibl. Form zu Stefan/Stephan

Verbreitung: zwei heilig gesprochene Märtyrerinnen werden besonders in Frankreich verehrt; in Deutschland wurde der Vorn. durch die Adoptivtochter Napoleons, die 1806 den späteren Großherzog Karl von Baden heiratete, bekannt und beliebt

Andere Formen: **Fannie, Stefana, Stefania, Stephana, Steffi; Stéphanie, Stephine, Etiennette, Tienette** (französ.); **Fanny** (engl.); **Stefanida** (russ.)

Bekannte Namensträger: Stefanie (Steffi) Graf, deutsche Tennisspielerin (geb. 1969)

Namenstag: 26. Dezember

Steffen männl., niederd. Form zu Stephan; seit einigen Jahren auch außerhalb Norddeutschlands öfter gewählt

Stella weibl., aus dem Lat. übernommener Vorn., eigentlich »Stern«; die Seeleute verehrten die heilige Maria als »Stella maris« (orientierender Stern des Meeres ist der Polarstern); Goethes Schauspiel »Stella« förderte ebenfalls die Verbreitung des Vorn. im deutschsprachigen Raum

Andere Formen: **Estelle** (französ.); **Estella, Estrelle** (span., italien.)

Sten männl., aus dem Nord. übernommener Vorn., der eigentlich »Stein« bedeutet

Stuart männl., aus dem Engl. übernommener Vorn., eigentlich der Name einer schott. Königsfamilie, eigentlich »Hausbewahrer« (Maria Stuart, schott. Königin, lebte von 1542 bis 1587)

Suleika weibl., aus dem Arab. übernommener Vorn., eigentlich »die Verführerin«; bekannt wurde der Vorn. in Deutschland durch Goethes »Westöstlicher Diwan«, in dem er seine Freundin Marianne von Willemer (1784 bis 1860) nach einem altpers. Gedicht Suleika nannte
Andere Formen: **Zuleika**

Sultana weibl., aus dem Rumän. übernommener Vorn., entspricht der männl. ungar. Form »Zoltá«, abgeleitet vom türk. Titel Sultan (arab. »Macht, Herrschaft«)

Susanne weibl., aus der Bibel übernommener Vorn. hebr. Ursprungs, eigentlich »die Lilie«
Verbreitung: die Geschichte der keuschen Susanne beim Bade, die im Mittelalter volkstümlich war und auch oft in der Kunst dargestellt wurde, führte zur starken Verbreitung des Vorn.
Andere Formen: **Sanne, Sanna, Sanni, Su, Suse, Susi; Susan, Sue** (engl.); **Suzanne, Susette** (französ.); **Susanna, Susa, Susetta** (italien.); **Susanka** (slaw.); **Susen** (schwed.)
Bekannte Namensträger: Susanne von Klettenberg, deut-

sche Schriftstellerin (1723 bis 1774); Susanne Uhlen, deutsche Schauspielerin (geb. 1955)
Namenstag: 11. August

Sven männl., aus dem Nord. übernommener Vorn., eigentlich »junger Krieger«; der Vorn. wurde in Deutschland durch den schwed. Forschungsreisenden Sven Hedin (1865 bis 1952) bekannt
Andere Formen: **Swen; Svend** (dän.)
Namenstag: 4. September, 19. November

Svenja weibl. Form zu Sven; »modischer« Name, vor allem in Norddeutschland beliebt

Swanhild weibl., aus dem ahd. »swan« (Schwan) und »hiltja« (Kampf)
Andere Formen: **Swanhilde; Swantje, Swaantje, Swaneke** (fries.)

Swante männl., aus dem Slaw. übernommener Vorn., eigentlich »Kriegsvolk«
Andere Formen: **Svante** (schwed.)

Swetlana weibl., aus dem Russ. übernommener Vorn., eigentlich »hell«
Andere Formen: **Svetlana**

Swinde weibl., Kurzform zu ahd. Vorn. mit ahd. »swinde« (stark, geschwind)
Andere Formen: **Swinda**

Swanhild

> Bei euch, ihr Herren,
> kann man das Wesen
> gewöhnlich aus dem
> Namen lesen.
>
> *Johann Wolfgang Goethe,*
> *Faust*

Tabitha weibl., aus der Bibel übernommener Vorn. hebr. Ursprungs von »tabja« (Gazelle)
Andere Formen: **Tabea, Tabe**

Tage männl., aus dem Schwed. übernommener Vorn., früher Beiname eines Bürgen oder Gewährsmannes

Taiga weibl., aus dem Russ. übernommener Vorn.; gemeint ist damit der sibirische Nadelwaldgürtel; außerdem kann Taiga auch fries. Form zu Theda, einer Kurzform eines Vorn. mit »Diet-«, sein; vom Amtsgericht Lüneburg 1975 als weibl. Vorn. zugelassen

Tamara weibl., aus dem Russ. übernommener Vorn. hebr. Ursprungs, eigentlich »Dattelpalme«

Tanja weibl., Nebenform zu Tatjana
Andere Formen: **Tania, Tanjura; Tanya, Tannia** (engl.); **Tania** (span.); **Taina** (finn.)
Bekannte Namensträger: Tania Blixen, dän. Schriftstellerin (1885 bis 1962)
Namenstag: 12. Januar

Tassilo männl., Koseform zu Tasso; der Vorn. war im Mit-

telalter besonders in Bayern beliebt; um die Jahrhundertwende durch Zeitungs- und Zeitschriftenromane populär geworden, gegenwärtig nicht so oft gewählt
Andere Formen: **Thassilo**
Bekannte Namensträger: Thassilo von Scheffers, deutscher Schriftsteller und Übersetzer (1873 bis 1951)

Tasso männl., aus dem Italien. übernommener Vorn. lat. Herkunft von »taxus« (Eibe)

Tatjana weibl., aus dem Russ. übernommener Vorn., vermutlich von lat. »Tatianus« (Name eines Sabinerkönigs), Bedeutung unklar; in Deutschland wurde der Vorn. durch die Gestalt der Tatjana in Tschaikowskis »Eugen Onegin« (1879) bekannt, aber erst nach 1960 wurde der Vorn. zunehmend gewählt
Andere Formen: **Tanja, Tata, Tatiana; Taziana** (italien.)
Namenstag: 12. Januar

Teilhard männl., aus dem Französ. übernommener Vorn., der dem ahd. Vorn. Linthart entspricht, zu german. »tille« (Linde) und »hart« (hart, stark)

Tell männl., vielleicht vom ahd. »dala« (hell, klar); durch die Gestalt des W. Tell in Schillers Drama »Wilhelm Tell« bekannt geworden, aber selten gewählt

Tell

Terzia weibl., aus dem Lat. übernommener Vorn. zu »Tertia« (die Dritte)

Thaddäus männl., aus der Bibel übernommener Vorn. aram. Herkunft, eigentlich »der Beherzte« oder griech.,

»Lobpreis«; Thaddäus war der Beiname des heiligen Judas
Andere Formen: **Taddäus, Thades; Tadeusz** (poln.);
Bekannte Namensträger: Thaddäus Troll, deutscher Schriftsteller (1914 bis 1980)
Namenstag: 28. Oktober

Thekla weibl., aus dem griech. »theós« (Gott) und »kléos« (guter Ruf, Ruhm); seit dem Mittelalter als Heiligenname verbreitet; im 19. Jh. wurde der Vorn. neu belebt durch die Gestalt der Thekla in Schillers Dramentrilogie »Wallenstein«; in Ostfriesland ist Thekla als Kurzform zu Vorn. mit »Theod-« gebräuchlich
Namenstag: 23. und 28. September

Theobald männl., latinisierte Form zu Dietbald, zu ahd. »diot« (Volk) und »bald« (kühn), oder auch aus dem griech. »theós« (Gott); im Mittelalter durch die Verehrung des heiligen Theobald (11. Jh.) verbreitet; im 19. Jh. durch die Ritterdichtung wieder belebt, heute selten gewählt
Andere Formen: **Debald, Diebald, Diebold; Tibald** (engl.); **Thibaud, Thibault, Thibaut, Théobald** (französ.); **Tebaldo, Teobaldo** (italien.) *Namenstag:* 30. Juni

Theodor männl., aus dem griech. »theós« (Gott) und »dóron« (Gabe, Geschenk)
Verbreitung: um 1260 breitete sich der Vorn. durch die Verehrung des heiligen Theodor (gest. 316) von Venedig im gesamten Abend- und Morgenland

Theodor

aus; im 15. Jh. von den Humanisten besonders geschätzter Vorn.; im 19. Jh. wurde der Name durch die Begeisterung für Theodor Körner (Dichter des Freiheitskampfes gegen Napoleon) neu belebt; in neuerer Zeit immer noch verbreitet

Andere Formen: **Theo; Theodore, Ted, Teddy** (engl.); **Théodore** (französ.); **Teodoro** (italien., span.); **Fjodor, Fedor, Feodor** (russ.)

Bekannte Namensträger: Theodor Mommsen, deutscher Historiker und Nobelpreisträger (1817 bis 1903); Theodor Storm, deutscher Schriftsteller (1817 bis 1888); Theodor Fontane, deutscher Schriftsteller (1819 bis 1898); Theodor Heuss, erster deutscher Bundespräsident (1884 bis 1963)

Namenstag: 16. August, 9. November

Theodora weibl. Form zu Theodor

Andere Formen: **Dora, Thekla, Thea, Theodore; Fjodora, Feodora** (russ.); **Teodora** (italien.)

Theodosia weibl. Form zu Theodosius

Andere Formen: **Feodosia** (russ.)

Theodosius männl., aus dem Griech. übernommener Vorn., eigentlich »Gottesgeschenk«

Andere Formen: **Feodosi** (russ.)

Theophil männl., aus dem griech. »theós« (Gott) und »philos« (lieb, freundlich); eine mittelalterliche Legendengestalt ist der Zauberer Theophilus, der als Vorstufe der Faustgestalt gilt

Andere Formen: **Théophile** (französ.); **Theophilus**

Bekannte Namensträger: Théophile Gautier, französ. Dichter (1811 bis 1872)

Theresa, Therese weibl., aus dem Griech. übernommener Vorn., eigentlich »die von der Insel Thera stammende«

Verbreitung: die heilige Theresa von Avila gründete im 16. Jh. mehr als 30 Klöster und reformierte den Karmeliterorden; durch die österr. Kaiserin Maria Theresia wurde der Vorn. volkstümlich; gegenwärtig nur noch selten gewählt

Andere Formen: **Theresa, Theresia, Thesi, Thery, Thesy, Resi; Teresa** (span., engl.); **Tess, Tessa, Tessy** (engl.); **Térèse** (französ.); **Terezie** (tschech.); **Terka, Terézie** (ungar.)

Bekannte Namensträger: Therese Giehse, deutsche Schauspielerin (1898 bis 1975)

Namenstag: 15. Oktober

Thomas männl., aus der Bibel übernommener Vorn. hebr. Ursprungs, eigentlich »Zwillingsbruder«

Verbreitung: seit dem Mittelalter durch die Verehrung des heiligen Thomas verbreitet (ungläubiger Thomas, weil er an der Auferstehung Jesu zweifelte und erst daran glaubte, als er die Wundmale des Auferstandenen berühren durfte); mit dem Thomastag am 21. Dezember sind viele Volksbräuche verknüpft, vor allem Liebesorakel

Andere Formen: **Tam, Thoma, Tom; Tommy, Tomy** (engl.); **Thomé** (französ.); **Tomaso,**

Thomas

Tommaso (italien.); **Tomas** (schwed.); **Tomás** (span.); **Toma** (slaw.); **Tammes** (dän.); **Tamás** (ungar.)
Bekannte Namensträger: Thomas von Aquin, bedeutender Philosoph und Theologe (1225 bis 1274); Thomas Morus, engl. Kanzler (1478 bis 1538); Thomas Münzer, Führer des Bauernaufstandes (1489 bis 1525); Thomas Hardy, engl. Dichter (1840 bis 1928); Thomas Alva Edison, amerikan. Erfinder (1847 bis 1931); Thomas Mann, deutscher Schriftsteller (1875 bis 1955); Thomas Bernhard, österr. Schriftsteller (1931 bis 1989); Thomas Gottschalk, deutscher Fernsehmoderator (geb. 1950)
Namenstag: 3. Juli

Thora   weibl. Form zu Thore
Andere Formen: **Tora**

Thore   männl., aus dem Nord. übernommener Vorn., der dem german. Donnergott entspricht
Andere Formen: **Tore, Ture, Thure**

Thorger   männl., aus dem german. »thor« (Gott) und dem ahd. »ger« (Speer)
Andere Formen: **Torger**

Thorhild   weibl., aus dem Schwed. übernommener Vorn. zu german. »thor« (Gott) und dem ahd. »hiltja« (Kampf)
Andere Formen: **Torhild, Torhilda, Törilla**

Thorid   weibl., aus dem Nord. übernommener Vorn. zu german. »thor« (Gott) und dem ahd. »fridu« (Friede)
Andere Formen: **Torid, Turid**

Thorolf   männl., aus dem Schwed. übernommener Vorn. zu german. »thor« (Gott) und altisländ. »ulfr« (Wolf)
Andere Formen: **Torulf, Torolf**

Thorsten   männl., aus dem Nord. übernommener Vorn. zu

german. »thor« (Gott) und »sten« (Stein); Thorsten Vikingsson, Frithjofs Vater in der Frithjofssage des 14. Jh., hat zur Verbreitung des Namens beigetragen; über Dänemark kam er nach Deutschland
Andere Formen: **Torsten; Thurston** (engl.)
Namenstag: 23. Dezember

Thorwald männl., aus dem Nord. übernommener Vorn. zu german. »thor« (Gott) und dem ahd. »waltan« (walten, herrschen)
Andere Formen: **Torwald, Torvald**

Thusnelda weibl., aus dem ahd. »thurs« (Riese) und »hiltja« (Kampf)
Andere Formen: **Thusnelde, Tusnelda, Tursinhilda, Tussinhilda**

Thyra weibl., schwed. Vorn., aus dem german. »thor« (Gott) und dem ahd. »wig« (Kampf)
Andere Formen: **Tyra, Thyrvi, Tyre**

Tiberius männl., aus dem Lat. übernommener Vorn., eigentlich »dem Flussgott Tiber geweiht«; der Vorn. ist durch den röm. Kaiser Tiberius Claudius Nero bekannt geworden
Andere Formen: **Tibor** (ungar.)

Till männl., fries. Kurzform zu Vorn. mit »Diet-«; seit dem Mittelalter in Norddeutschland, den Nieder-

Till

landen und in Flandern sehr beliebter Vorn.; der bekannte Till Eulenspiegel (14. Jh.) ist nicht nur als Schelm überliefert, sondern auch als fläm. Freiheitsheld Thyl Ulenspiegel
Andere Formen: **Til, Tyl, Tile**

Tillmann   männl., alte fries. Form zu Vorn. mit »Diet-«, besonders zu Dietrich
Andere Formen: **Tilmann, Tilman, Tillo**
Bekannte Namensträger: Tilman Riemenschneider, Bildhauer (1460 bis 1531)

Tim/Timo   männl., Kurzform zu Vorn. mit »Diet-«, vor allem zu Dietmar, auch Kurzform zu Timotheus; Timo ist Stifterfigur des 13. Jh. im Naumburger Dom; Tim kann auch Kurzform von Timotheus sein
Andere Formen: **Timm, Timme, Timmo**
Namenstag: 26. Januar, 28. September

Timotheus   männl., aus dem griech. »timan« (schätzen, ehren) und »theós« (Gott); der Vorn. war im alten Griechenland sehr verbreitet und wurde in der christlichen Welt durch die Verehrung des heiligen Timotheus (ein Schüler und Gehilfe des Apostels Paulus) bekannt
Andere Formen: **Tiemo, Timo, Tim; Timothy** (engl.); **Timothée** (französ.); **Timofej** (russ.) *Namenstag:* 26. Januar

Tina   weibl., Kurzform zu Vorn., die auf »-tina« enden, vor allem »Christina« und »Martina« *Bekannte Namensträger:* Tina Turner, amerikan. Rocksängerin (geb. 1939)

Titus   männl., aus dem lat. »titulus« (Ruhm, Verdienst, Ansehen); Titus Flavius Vespasianus (39 bis 81) zerstörte im Jahr 70 n. Chr. Jerusalem und ließ den Titusbogen in Rom errichten

Andere Formen: **Tito; Tiziano** (italien.)
Namenstag: 26. Januar

Tobias männl., aus der Bibel übernommener Vorn. hebr. Ursprungs, eigentlich »Gott ist gut«; Tobias ist in der Bibel der fromme Sohn, der mit seinem erblindeten Vater eine gefährliche Reise unternimmt und seinen Vater heilt
Verbreitung: die Tobiasgeschichte war in der Reformationszeit sehr beliebt und trug maßgeblich zur Verbreitung des Vorn. bei
Andere Formen: **Tobi, Tobie; Toby** (engl.)
Bekannte Namensträger: Tobias Stimmer, schweiz. Maler und Holzschnitzer (16. Jh.); Johan Tobias Sergel, schwed. Bildhauer (1740 bis 1814)
Namenstag: 13. September

Tom männl., engl. Kurzform zu Thomas
Bekannte Namensträger: Tom Hanks, amerikan. Schauspieler (geb. 1956)

Tona weibl., Kurzform zu Antonia
Andere Formen: **Tonia, Tonja**

Toni männl., Kurzform zu Anton und weibl. Kurzform zu Antonia; eindeutiger Zweitname erforderlich
Andere Formen: **Tony**

Torbjörn männl., aus dem Nord. übernommener Vorn. zu german. »thor« (Gott) und altschwed. »biorn« (Mann, Held, Häuptling)
Andere Formen: **Torben, Thorben**

Toska weibl., aus dem Italien. übernommener Vorn., eigentlich »die Toskanerin«
Andere Formen: **Tosca**
Tove weibl. dän. Vorn., nord. Kurzform zu Vorn. mit »Thor-«, im Schwed. auch männl. Vorn.
Traugott männl., pietistische Neubildung im 18. Jh., eigentlich »vertraue Gott«
Tristan männl., alter deutscher Vorn., vielleicht »Waffenlärm«; die Liebesgeschichte von Tristan und Isolde wurde oft künstlerisch bearbeitet und hat den Vorn. bekannt gemacht
Trutz männl., neuer Vorn. zu dem deutschen Hauptwort »Trotz«

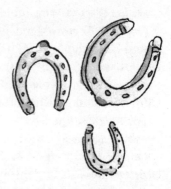

Der beste Segen,
der nur gedeiht,
das ist der gute Name allerzeit.

Alter Spruch

Udo männl., Nebenform zu Otto und Ulrich
Bekannte Namensträger: Udo Jürgens, deutscher Schlagersänger (geb. 1934); Udo Lattek, deutscher Fußballtrainer (geb. 1935); Udo Lindenberg, deutscher Rockmusiker (geb. 1946)

Ulf männl., aus dem Nord. übernommener Vorn., eigentlich »Wolf«, auch fries. Kurzform zu Ulfried

Ulfried männl., aus dem ahd. »uodal« (Erbgut, Heimat) und »fridu« (Friede)
Andere Formen: **Ulfrid, Ulfert, Ulf, Olfert, Uodalfrid, Odalfrid**

Ulrich männl., aus dem ahd. »uodal« (Erbgut, Heimat) und »rihhi« (reich, mächtig)
Verbreitung: durch die Verehrung des heiligen Ulrich (9./10. Jh.) seit dem Mittelalter vor allem in Süddeutschland und der Schweiz verbreitet; um 1900 wurde der Vorn. oft in Adelskreisen gewählt, durch Romane von Spielhagen und Sudermann volkstümlich geworden
Andere Formen: **Uli, Ule, Ulli, Udo, Utz, Ohlen; Ulrik**

Ulrike

(schwed.); **Ulric** (engl.); **Olderico** (italien.); **Ueli** (schweiz.)

Bekannte Namensträger: Ulrich von Hutten, deutscher Humanist (1488 bis 1523); Ulrich Schamoni, deutscher Filmregisseur (geb. 1939); Ulrich Wickert, deutscher Fernsehmoderator und Autor (geb. 1943)

Namenstag: 4. Juli

Ulrike weibl. Form zu Ulrich

Verbreitung: seit dem 18. Jh. in Adelskreisen verbreitet; um 1900 durch Zeitungs- und Zeitschriftenromane volkstümlich geworden; heute öfter gewählt

Andere Formen: **Ulla, Ulrika, Rika, Rike, Riken; Ulrique** (französ.)

Bekannte Namensträger: Ulrike Meyfarth, zweifache deutsche Olympiasiegerin im Hochsprung (geb. 1956)

Una weibl., aus dem Engl. übernommener Vorn., der auf Oona zurückgeht, zu gäl. »Uan« (Lamm) oder lat. »una« (die Einzige)

Undine weibl., aus dem lat. »unda« (Welle); eigentlich ist damit eine im Wasser hausende Nixe gemeint; das Märchen von der Nixe Undine, die die Frau eines Menschen wird, um eine unsterbliche

Undine

Seele zu bekommen, wurde mehrfach künstlerisch bearbeitet

Urban männl., aus dem Lat. übernommener Vorn., eigentlich »Stadtbewohner«; durch die Verehrung des heiligen Urban, Patron der Winzer, wurde der Vorn. im Mittelalter vor allem in Süddeutschland und Tirol verbreitet
Andere Formen: **Urbanus; Urbain** (französ.)
Namenstag: 25. Mai

Uriel männl., aus der Bibel übernommener Vorn. hebr. Ursprungs, eigentlich »Gott ist mein Licht«; Uriel war der Name eines Erzengels
Bekannte Namensträger: Uriel Acosta, jüdischer Religionsphilosoph (um 1585 bis 1640)

Ursula weibl. Form zu Ursus
Verbreitung: durch die Verehrung der heiligen Ursula (der Legende nach eine brit. Prinzessin, die auf der Rückreise von Rom mit ihren elftausend Jungfrauen von den Hunnen bei Köln ermordet wurde) seit dem Mittelalter in Deutschland verbreitet; um die Jahrhundertwende in Adelskreisen geschätzt; stärkste Verbreitung des Vorn. nach dem Zweiten Weltkrieg
Andere Formen: **Ursel, Ursina, Ursa, Urschel, Uschi, Sula; Orsch, Orscheli** (schweiz.); **Urschla, Ursetta** (rätoroman.); **Ursly, Usle** (engl.); **Ursel, Orsel** (niederländ.); **Ursule** (französ.); **Orsola** (italien.); **Ursola** (span.); **Orsolya** (ungar.) *Bekannte Namensträger:* Ursula Andress, schweiz. Schauspielerin (geb. 1936)
Namenstag: 21. Oktober

Ursus männl., aus dem lat. »ursus« (Bär)
Verbreitung: durch die Verehrung des heiligen Ursus von

Solothurn (4. Jh.) ist der Vorn. vor allem in der Schweiz beliebt und wird auch heute noch öfter gewählt
Andere Formen: **Urs, Ursinus; Ursio** (italien.); **Uorsin** (rätoroman.); **Ursin** (französ.)
Namenstag: 30. September

Ute weibl., Nebenform zu Oda, einer Kurzform zu Vorn. mit ahd. »Ot-« (Besitz, Erbgut); im Nibelungenlied hieß Kriemhilds Mutter Uote; bis zum 12. Jh. war der Vorn. durch verschiedene Fürstinnen in deutschen Heldensagen weit verbreitet, dann wurde er seltener; erst im 20. Jh. wieder stärker verbreitet
Andere Formen: **Uta, Utta**
Bekannte Namensträger: Ute Lemper, deutsche Sängerin und Tänzerin (geb. 1964) *Namenstag:* 23. Oktober

Uwe männl., fries. Form zu Vorn. mit ahd. »Ot-« (Besitz, Erbgut)
Andere Formen: **Uwo, Uve, Uvo**
Bekannte Namensträger: Uwe Seeler, deutscher Fußballspieler (geb. 1936)

Ursus

> Ein hohes Kleinod
> ist der gute Name.
> *Friedrich Schiller,*
> *Maria Stuart*

Valentin männl., aus dem lat. »valere« (gesund sein)
Verbreitung: durch die Verehrung des heiligen Valentin, Patron des Bistums Passau und Schutzheiliger bei Epilepsie (5. Jh.), in Deutschland bekannt geworden; ein anderer heiliger Valentin wird als Schutzpatron der Liebenden verehrt (Valentinstag); heute verbreitet, aber selten gewählt
Andere Formen: **Feltes, Valtin, Valten, Velten; Valente, Valentino** (italien.)
Namenstag: 7. Januar, 14. Februar
Valentina weibl. Form zu Valentin
Andere Formen: **Valentine**
Bekannte Namensträger: Valentina Tereschkowa, russ. Kosmonautin und 1963 erste Frau im Weltraum (geb. 1937)
Valeria weibl. Form zu Valerius
Andere Formen: **Valerie, Valeriane**
Namenstag: 4. und 20. Mai
Valerius männl., aus dem Lat. übernommener Vorn., eigentlich »der aus dem Geschlecht der Valerier«

Verbreitung: der heilige Valerius war im 3. Jh. zweiter Bischof von Trier; der Vorn. war im 16. Jh. in Deutschland beliebt, verlor dann aber an Bedeutung; heute wird der Vorn. nur selten gewählt
Andere Formen: **Valer, Valerian; Valerio** (italien.); **Valérien** (französ.); **Walerjan** (russ.)
Namenstag: 29. Januar

Valeska weibl., poln. Form zu Valeria
Bekannte Namensträger: Valeska Gert, deutsche Tänzerin, Kabarettistin und Filmschauspielerin (1900 bis 1978)

Vanessa weibl., aus dem Engl. übernommener Vorn., der eigentlich eine Schmetterlingsgattung bezeichnet; in Deutschland ist der Vorn. erst durch die engl. Schauspielerin Vanessa Redgrave (geb. 1937) bekannt geworden und wird öfter gewählt

Varus männl., aus dem Lat. übernommener Vorn. unklarer Bedeutung; besonders in der Schweiz verbreitet

Vanessa

Vasco männl., aus dem span. oder portug. »vasco« (der Baske)

Bekannte Namensträger: Vasco da Gama, portug. Seefahrer und Entdecker des Seeweges nach Indien (1469 bis 1524)

Veit männl., Nebenform zu Vitus, vielleicht latinisierte Form zu ahd. »witu« (Holz, Wald)

Verbreitung: seit dem Mittelalter durch die Verehrung des heiligen Vitus (oder Veit) weit verbreiteter Vorn.; nach ihm wurden auch einige Krankheiten (wie der Veitstanz) benannt, da er als Nothelfer bei Krämpfen, Fallsucht und Blindheit angerufen wurde

Andere Formen: **Wito, Wido; Veicht, Veidl, Veil** (bayr.); **Vit, Vito, Guido** (roman.); **Voit** (französ.); **Guy** (engl.); **Witas** (schwed.); **Vida** (ungar.); **Vit, Veit** (russ.)

Bekannte Namensträger: Veit Stoß, deutscher Holzschnitzer und Bildhauer (1440 bis 1533); Veit Harlan, deutscher Filmregisseur (1899 bis 1964)

Namenstag: 15. Juni

Vera weibl., aus dem russ. »vera« (Glaube) oder Kurzform zu Verena und Veronika

Andere Formen: **Wera, Veruschka** (russ.)

Verena

Bekannte Namensträger: Vera Tschechowa, deutsche Schauspielerin (geb. 1940) *Namenstag:* 24. Januar

Verena weibl., Vorn. lat. Herkunft zu »vereri« (sich scheuen, verehren)
Verbreitung: durch die Verehrung der heiligen Verena von Solothurn vor allem in der Schweiz verbreitet, aber auch in Deutschland in letzter Zeit öfter gewählt
Andere Formen: **Vera; Vreni** (schweiz.); **Vérène** (französ.)
Namenstag: 1. September

Veronika weibl., aus dem Griech. übernommener Vorn., eigentlich »die Sieg Bringende«
Verbreitung: durch die Verehrung der heiligen Veronika von Jerusalem, die Christus auf dem Weg zur Kreuzigung ein Schweißtuch gereicht haben soll, verbreitet, aber in den letzten Jahren selten gewählt
Andere Formen: **Veronica, Berenike, Vera, Verona, Vrony; Verona, Ronni, Ronnie** (engl.); **Véronique** (französ.)
Bekannte Namensträger: Veronica Ferres, deutsche Schauspielerin (geb. 1967)
Namenstag: 4. Februar, 9. Juli

Viktor männl., aus dem lat. »vincere« (siegen)
Verbreitung: durch die Verehrung mehrerer Heiliger in Deutschland bekannt und verbreitet, besonders durch den heiligen Viktor von Xanten (am Xantener Dom als Drachentöter dargestellt); heute wird der Vorn. seltener gewählt
Andere Formen: **Viktorian, Victor, Viggo, Wikko; Vico, Vicco, Vittorio, Vittorino** (italien.); **Witulja** (russ.); **Victor** (engl., französ.), **Viggo** (dän.)
Bekannte Namensträger: Victor Hugo, französ. Schriftstel-

ler (1802 bis 1885); Viktor von Scheffel, deutscher Schriftsteller (1826 bis 1886)
Namenstag: 30. September, 10. Oktober

Viktoria weibl. Form zu Viktor
Verbreitung: in Deutschland erst im 19. Jh. durch die engl. Königin Victoria verbreitet; heute seltener gewählt
Andere Formen: **Victoria, Viktorina, Viktorine, Vicki, Viccy; Fieke** (fries.); **Victoire** (französ.)
Bekannte Namensträger: Viktoria, Gattin von Kaiser Friedrich III. (1840 bis 1901); Victoria, Königin von England (1819 bis 1901)
Namenstag: 17. November, 23. Dezember

Vilmar männl., aus dem ahd. »filu« (viel) und »mari« (berühmt)

Vinzenta weibl. Form zu Vinzenz
Andere Formen: **Senna, Zenta; Vinzentia, Vinzentina**

Vinzenz männl., aus dem lat. »vincere« (siegen)
Verbreitung: durch die Verehrung des heiligen Vinzenz von Saragossa (3./4. Jh.) wurde der Vorn. in Deutschland verbreitet, heute nur selten gewählt
Andere Formen: **Vinz, Vinzent; Vincent** (engl., französ., niederländ.); **Vincente, Vincenzo** (italien.)
Bekannte Namensträger: Vinzenz von Beauvais, französ. Dominikaner und Verfasser einer großen Enzyklopädie (12./13. Jh.)
Namenstag: 22. Januar, 19. Juli

Viola weibl., aus dem lat. »viola«

Viola

(Veilchen); durch die Gestalt der Viola in Shakespeares »Was ihr wollt« bekannt geworden und gegenwärtig öfter gewählt
Andere Formen: **Violetta** (italien.); **Violette** (französ.); **Violet, Violett** (engl.)

Virgil männl., aus dem Lat. übernommener Vorn., dessen Bedeutung unklar ist; der altröm. Dichter Publius Vergilius Maro (1. Jh. v. Chr.) wurde für einige Humanisten im 16. Jh. zum Namensvorbild; in Österreich wurde der Vorn. aber vor allem durch die Verehrung des heiligen Virgilius, im 8. Jh. Bischof von Salzburg, bekannt und wird dort auch heute noch gewählt
Namenstag: 24. September

Virginia weibl., aus dem Lat. übernommener Vorn., eine Nebenform des heute nicht mehr gebräuchlichen Vorn. Verginia, eigentlich »aus dem Geschlecht der Verginier«, auch an lat. »virgo« (Jungfrau) angelehnt
Andere Formen: **Virgie, Vergie, Virgilia, Ginnie, Jinny; Virna** (italien.); **Virginie** (französ.);
Bekannte Namensträger: Virginia Woolf, engl. Schriftstellerin (1882 bis 1941)
Namenstag: 7. Januar

Vitus männl., Herkunft und Bedeutung unklar, eventuell latinisierte Form zu dem ahd. »witu« (Holz, Wald)
Andere Formen: **Veit** *Namenstag:* 15. Juni

Vivian männl. und weibl., aus dem Engl. übernommener Vorn. lat. Ursprungs zu »vivus« (lebendig)
Andere Formen: **Vivien** (französ., auch weibl.); **Viviano** (italien.); **Bibieno** (portug.)

Viviane eindeutig weibl. Form zu Vivian; Viviane oder Ni-

niane ist auch eine Gestalt aus der Artussage (Dame vom See), die Merlin in ihrem Banne hielt und Erzieherin des jungen Ritters Lanzelot war
Andere Formen: **Vivienne** (französ.); **Vivien** (engl., auch männl.); **Bibiana** (portug.)
Bekannte Namensträger: Vivien Leigh, engl. Schauspielerin (1913 bis 1967) *Namenstag:* 2. Dezember

Volkbert männl., aus dem ahd. »folc« (Volk, Kriegsschar) und »beraht« (glänzend)

Volker männl., aus dem ahd. »folc« (Volk, Kriegsschar) und »heri« (Heer); der Vorn. wurde durch den Spielmann Volker aus dem Nibelungenlied bekannt und häufig gewählt

Volkhart männl., aus dem ahd. »folc« (Volk, Kriegsschar) und »harti« (hart)
Andere Formen: **Volkhard, Folkhard, Volhard, Volkert**

Volkhild weibl., aus dem ahd. »folc« (Volk, Kriegsschar) und »hiltja« (Kampf)
Andere Formen: **Volkhilde**

Volkmar männl., aus dem ahd. »folc« (Volk, Kriegsschar) und »mari« (berühmt)

Ehrlicher Name!
Wahrhaftig eine
reichhaltige Münze, mit
der sich meisterlich
schachern lässt,
wer's versteht,
sie gut auszugeben.

Friedrich Schiller

Walburg weibl., aus dem ahd. »waltan« (walten, herrschen) und »burg« (Schutz, Zuflucht)
Verbreitung: die heilige Walburg war eine angelsächs. Missionarin und Äbtissin in Heidenheim, deren Reliquien am 1. Mai 871 nach Eichstätt überführt wurden, daher stammt auch der Brauch, die Walpurgisnacht zu feiern; der Vorn. war im Mittelalter weit verbreitet; heute selten gewählt

Walburg

Andere Formen: **Walburga, Walburge, Walpurga, Walpurgis, Walli, Burga, Burgl, Walborg; Valborg** (dän., schwed.); **Vaubourg** (französ.)
Namenstag: 25. Februar, 1. Mai

Waldemar männl., aus dem ahd. »waltan« (walten, herrschen) und »mari« (berühmt)
Verbreitung: als Fürstenname im Mittelalter sehr stark verbreitet; im 19. Jh. neu belebt und volkstümlich; heute noch verbreitet, aber selten gewählt
Andere Formen: **Waldomar, Waldo, Walo, Woldemar**
Bekannte Namensträger: Waldemar Bonsel, deutscher Schriftsteller (1888 bis 1952) *Namenstag:* 15. Juli

Walter männl., aus dem ahd. »waltan« (walten, herrschen) und »heri« (Heer)
Verbreitung: seit dem Mittelalter durch die Verehrung des heiligen Walter sowie durch den Minnesänger Walther von der Vogelweide sehr weit verbreitet; um die Jahrhundertwende durch zahlreiche Zeitungs- und Zeitschriftenromane neu belebt; heute seltener gewählt
Andere Formen: **Walther, Walt; Wolter** (niederd.); **Walter, Walt, Walty** (engl.); **Wälti** (schweiz.); **Wouter, Wout** (niederländ.); **Gautier, Gauthier, Vautier** (französ.); **Gualtiero, Gualterio** (italien.)
Bekannte Namensträger: Walter Scott, engl. Schriftsteller (1771 bis 1832); Walter Kollo, deutscher Operettenkomponist (1878 bis 1940); Walter Gropius, deutscher Architekt und »Bauhaus«-Leiter (1883 bis 1969); Walter Scheel, deutscher Politiker, ehemaliger Bundespräsident (geb. 1919)

Waltraut weibl., aus dem ahd. »waltan« (walten, herrschen) und »trud« (Kraft, Stärke)

Wanda

Andere Formen: **Waldtraut, Waltraud, Waltrud, Waltrude, Waltrudis, Trude** *Namenstag:* 9. April

Wanda weibl., aus dem Slaw. übernommener Vorn., eigentlich ist damit eine »Wendin« gemeint; in der poln. Nationalsage ist Wanda eine Prinzessin, die sich einem deutschen Fürsten verweigerte und sich lieber in die Weichsel stürzte

Welf männl., wahrscheinlich durch das alte Fürstengeschlecht der Welfen bekannt geworden; in der Bedeutung aber auch mit »Tierjunges, junger Hund« gleichzusetzen

Welfhard männl., neuer Doppelname aus Welf und ahd. Vorn. mit »-hard«

Wencke weibl., norweg. Form zu Weneke, einer Kurzform zu Vorn. mit dem ahd. »wern« (german. Stammesname der Warnen); in Deutschland durch die Schlagersängerin Wencke Myrrhe bekannt geworden

Wendelgard weibl., aus dem ahd. Stammesnamen der Wandalen und »gard« (Hort, Schutz)

Wenzeslaus männl., aus dem Slaw. übernommener Vorn., eigentlich »mehr« und »Ruhm«
Andere Formen: **Wenzel; Waclaw** (poln.); **Václav** (tschech.)
Namenstag: 28. September

Werner männl., aus dem ahd. »warjan« (wehren) und »heri« (Heer)
Verbreitung: seit dem Mittelalter sehr weit verbreiteter

Vorn.; im 19. Jh. wurde durch den Einfluss verschiedener literarischer Gestalten der Vorn. aufgewertet und volkstümlich; im 20. Jh. sehr beliebt und öfter gewählt

Andere Formen: **Wernher, Neres, Werno, Wetzel; Warner** (fries.); **Verner** (dän., schwed.); **Garnier, Vernier** (französ.); **Guarnerio, Vernerio** (italien.)

Bekannte Namensträger: Werner von Siemens, deutscher Erfinder und Industrieller (1816 bis 1892); Werner Egk, deutscher Komponist (1901 bis 1983); Werner Finck, deutscher Kabarettist (1902 bis 1978); Werner Heisenberg, deutscher Atomphysiker und Nobelpreisträger (1901 bis 1976)

Namenstag: 19. April

Wernfried männl., aus dem ahd. »warjan« (wehren) und »fridu« (Friede)

Werngard weibl., aus dem ahd. »warjan« (wehren) und »gard« (Hort, Schutz)

Wernhard männl., aus dem ahd. »warjan« (wehren) und »harti« (hart)

Andere Formen: **Wernhart**

Wernhild weibl., aus dem ahd. »warjan« (wehren) und »hiltja« (Kampf)

Andere Formen: **Wernhilde**

Wibke weibl., fries. und niederd. Kurzform eines mit »Wig-« beginnenden Vorn.

Andere Formen: **Wiba, Wiebke, Wibeke, Wübke**

Widukind männl., aus dem ahd. »witu« (Wald, Gehölz) und »kind« (Kind, Sohn)

Wiegand

Andere Formen: **Wedekind, Wittekind, Wido, Wide** (fries.)

Wiegand männl., aus dem ahd. »wig« (Kampf) und »nendan« (kühn, wagemutig)
Andere Formen: **Wigand**

Wieland männl., aus dem Altengl. übernommener Vorn., eigentlich »Goldschmied«; Wieland war in einer german. Heldensage ein Schmied, der sich an seinem Kerkermeister König Nidhard rächte und danach durch die Lüfte entfloh
Andere Formen: **Wielant, Welant**

Wigbert männl., aus dem ahd. »wig« (Kampf) und »beraht« (glänzend)
Andere Formen: **Wigbrecht**

Wigberta weibl. Form zu Wigbert
Andere Formen: **Wiberta**

Wighard männl., aus dem ahd. »wig« (Kampf) und »harti« (hart)
Andere Formen: **Wighart, Wichard, Wickart, Wickhart, Wichert**

Wigmar männl., aus dem ahd. »wig« (Kampf) und »mari« (berühmt)

Wilbur männl., aus dem Amerikan. übernommener Vorn., von dem Familiennamen »Wildeboer« oder von dem weibl. Vorn. Wilburg zu ahd. »willo« (Wille) und »burg« (Schutz, Zuflucht)
Bekannte Namensträger: Wilbur Wright, amerikan. Flugpionier (1867 bis 1912)

Wilfried männl., aus dem ahd. »willo« (Wille) und »fridu« (Friede); durch den angelsächs. heiligen Wilfried, Bischof

von York, im Mittelalter vor allem in Norddeutschland bekannt geworden und auch heute noch weit verbreitet
Andere Formen: **Wilfrid, Wilfred, Wilferd, Willfried, Willefried**
Namenstag: 24. April, 12. Oktober

Wilfriede weibl. Form zu Wilfried
Andere Formen: **Wilfride, Willfriede, Willefriede**

Wilhelm männl., aus dem ahd. »willo« (Wille) und »helm« (Helm, Schutz)
Verbreitung: der heilige Wilhelm von Aquitanien (8./9. Jh.) war frühes Namensvorbild, aber auch die Sagengestalt des Wilhelm von Orange; der Vorn. war im Mittelalter in ganz Europa beliebt; Wilhelm war auch der Name vieler deutscher Fürsten und auch Kaiser- und Königsname; die Sagengestalt des Wilhelm Tell und Goethes »Wilhelm Meister« trugen ebenfalls maßgeblich dazu bei, dass Wilhelm im 19. Jh. einer der meistgewählten Vorn. war; bis zum Ende des Ersten Weltkrieges galt der Name noch als volkstümlich, heute gilt er als altmodisch
Andere Formen: **Willehalm, Will, Willi, Willy, Wilm, Wim; Helm, Helmke, Wilko, Wilke, Wilken** (fries.); **Wel-**

Wilbur

lem (rhein.); **Willem** (niederländ.); **William, Bill** (engl.); **Guillaume** (französ.); **Guglielmo** (italien.); **Guillermo** (span.); **Vilém** (tschech.); **Vilmos** (ungar.)

Bekannte Namensträger: Wilhelm Grimm, deutscher Philologe, Sagen- und Märchenforscher (1786 bis 1859); Wilhelm von Humboldt, deutscher Kulturpolitiker und Sprachforscher (1767 bis 1835); Wilhelm Busch, deutscher Humorist (1832 bis 1908); Wilhelm Raabe, deutscher Schriftsteller (1831 bis 1910); Wilhelm II., letzter deutscher Kaiser (1859 bis 1941); Wilhelm Furtwängler, deutscher Dirigent (1886 bis 1954); Wilhelm Kempff, deutscher Pianist (1895 bis 1991)

Namenstag: 1. Januar, 10. Januar, 28. Mai

Wilhelmine   weibl. Form zu Wilhelm

Verbreitung: wie Wilhelm seit dem frühen Mittelalter verbreitet; zuerst ausgesprochener Adelsname, dann volkstümlich geworden; heute spielt der Vorn. nur noch eine geringe Rolle

Andere Formen: **Elma, Minna, Mina, Minja, Mine, Miggi, Wilma, Wilhelma, Wilhelmina, Helmina; Wellemina** (rhein.); **Wilma, Willa** (engl.); **Guglielmina** (italien.); **Guillerma** (span.); **Vilema** (tschech.); **Vilma** (ungar.)

Willibald   männl., aus dem ahd. »willo« (Wille) und »bald« (kühn); bekannt wurde der Vorn. durch die Verehrung des heiligen Willibald, Anhänger des Bonifatius und Bischof von Eichstätt (700 bis 787)

Namenstag: 7. Juli

Willigis   männl., aus dem ahd. »willo« (Wille) und »gisal« (Geisel)

Andere Formen: **Willegis, Willeger**

Bekannte Namensträger: heiliger Willigis, Erzbischof von Mainz (975 bis 1011)
Namenstag: 23. Februar

Willimar männl., aus dem ahd. »willo« (Wille) und »mari« (berühmt)
Andere Formen: **Wilmar**

Wiltraud weibl., aus dem ahd. »willo« (Wille) und »trud« (Kraft, Stärke)
Andere Formen: **Wiltrud**
Namenstag: 6. Januar, 2. Juli

Winand männl., aus dem ahd. »wig« (Kampf) und »nendan« (kühn, wagemutig)
Andere Formen: **Wienand, Wignand**

Winfried männl., aus dem ahd. »wini« (Freund) und »fridu« (Friede); der Vorn. fand in Deutschland als Taufname des heiligen Bonifatius Verbreitung
Andere Formen: **Winfred** (engl.)
Namenstag: 5. Juni

Winfrieda weibl. Form zu Winfried
Andere Formen: **Winfriede**

Winnetou

Winifred weibl., Herkunft und Bedeutung unsicher, vielleicht angelsächs. Form zu Gwenfrewi, zu walis. »gwen« (weiß, heilig) und »frewi« (Versöhnung)
Namenstag: 3. November

Winimar männl., aus dem ahd. »wini« (Freund) und »mari« (berühmt)

Winnetou männl., Fantasiename K. Mays für einen Indianerhäuptling, zu indian. »wintu« (Indianer); vom Amtsgericht Darmstadt 1974 zugelassen

Winston männl., engl. Vorn., der eigentlich auf eine Ortsbezeichnung zurückgeht, aus dem Altengl., eigentlich »aus des Freundes Stadt«
Bekannte Namensträger: Winston Churchill, engl. Staatsmann (1874 bis 1965)

Wintrud weibl., aus dem ahd. »wini« (Freund) und »trud« (Kraft, Stärke)

Witold männl., aus dem ahd. »witu« (Wald, Gehölz) und »waltan« (walten, herrschen)

Wladimir männl., russ. Vorn. zu slaw. »vlast« (Macht) und russ. »mir« (Friede); der Vorn. war besonders bei den Kiewer Großfürsten beliebt
Bekannte Namensträger: Wladimir Iljitsch Uljanow (Lenin), russ. Politiker (1870 bis 1924)
Namenstag: 15. Juli

Wolf männl., selbstständige Kurzform zu Vorn. mit »Wolf-«
Andere Formen: **Wulf**
Bekannte Namensträger: Wolf Biermann, deutscher Schriftsteller und Liedermacher (geb. 1936)

Wolfgang männl., aus dem ahd. »wolf« (Wolf) und »ganc« (Waffengang, Streit)
Verbreitung: durch die Verehrung des Heiligen Wolfgang, Bischof und Schutzpatron von Regensburg, war der Vorn. im Mittelalter verbreitet; in der Neuzeit waren Wolfgang Amadeus Mozart und Johann Wolfgang Goethe übliche Namensvorbilder
Andere Formen: **Wolf, Olf, Gangolf**

Bekannte Namensträger: Wolfgang Borchert, deutscher Schriftsteller (1921 bis 1947); Wolfgang Schäuble, deutscher Politiker (geb. 1942); Wolfgang Clement, deutscher Politiker (geb. 1940)
Namenstag: 31. Oktober

Wolfger männl., aus dem ahd. »wolf« (Wolf) und »ger« (Speer)

Wolfhard männl., aus dem ahd. »wolf« (Wolf) und »harti« (hart); der Vorn. wurde durch die Verehrung des heiligen Wolfhard von Augsburg verbreitet; außerdem ist die Gestalt des Wolfhard im Nibelungenlied im Mittelalter bekannt gewesen
Namenstag: 27. Oktober

Wolfrad männl., aus dem ahd. »wolf« (Wolf) und »rat« (Ratgeber)

Wolfram männl., aus dem ahd. »wolf« (Wolf) und »hraban« (Rabe); im Mittelalter weit verbreiteter Vorn., auch heute noch gelegentlich gewählt
Bekannte Namensträger: Wolfram von Eschenbach, deutscher Dichter (um 1200)
Namenstag: 20. März

Wunibald männl., aus dem ahd. »wunna« (hohe Freude) und »bald« (kühn)
Andere Formen: **Wunnibald, Winnibald**
Namenstag: 15. Dezember

Wunna weibl., aus dem ahd. »wunna« (hohe Freude); die Schwester des heiligen Bonifatius hieß Wunna; in den 60er und 70er Jahren wurde der Vorn. gelegentlich gewählt

Wer so besorgt um seinen Namen ist,
wird schlechte Gründe haben, ihn zu führen.

Heinrich von Kleist,
Amphitryon

Xaver männl., aus dem Span. übernommener Vorn., eigentlich der verselbständigte Beinamen des heiligen Franz Xaver; er erhielt den Beinamen nach seinem Geburtsort, dem Schloss Xavier (heute: Javier) in Navarra (Spanien)
Verbreitung: durch die Verehrung des heiligen Franz Xaver (1506 bis 1552), der den Jesuitenorden mitbegründet hat, vor allem in Bayern verbreitet; heute selten gewählt
Andere Formen: **Xavier, Javier** (engl., französ.)
Bekannte Namensträger: Franz Xaver von Baader, deutscher Philosoph (1765 bis 1841); Franz Xaver Gabelsberger, Erfinder der Stenographie (1789 bis 1849); Franz

Xaver Kroetz, deutscher Schriftsteller und Schauspieler (geb. 1946)
Namenstag: 3. Dezember

Xaveria weibl. Form zu Xaver

Xenia weibl., Kurzform zu Polyxenia, zu griech. »xenios« (gastlich)

Xeno männl., aus dem Engl. übernommener Vorn. griech. Herkunft von »xenos« (fremd)
Andere Formen: **Xenos**

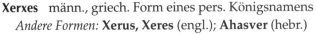

Xerxes männl., griech. Form eines pers. Königsnamens
Andere Formen: **Xerus, Xeres** (engl.); **Ahasver** (hebr.)

Xylon männl., aus dem Engl. übernommener Vorn. griech. Herkunft von »xylon« (Holz)

Yanneck männl., schweiz. Form des breton. Vorn. Yannic, einer Koseform zu Johannes
Andere Formen: **Yannick, Yannik, Yanik**
Bekannte Namensträger: Yannick Noah, französ. Tennisspieler (geb. 1960)

York männl., dän. Form zu Georg; auch der Name eines Adelsgeschlechtes (Ludwig Graf Yorck von Wartenburg, 1759 bis 1830) sowie ein engl. Ortsname und ein engl. Herzogtitel
Andere Formen: **Yorck, Yorrick, Yorick**

Yule männl., schott. und nordengl. Vorn., der auf engl. »yule« (Weihnachten, Mittwinterfest) zurückgeht

Yves männl., aus dem Französ. übernommener Vorn., der auf die altfranzös. Ritternamen Ivo, Ivon und Ive zurückgeht

Yvette

Andere Formen: **Yvo, Yvon**
Bekannte Namensträger: Yves Montand, französ. Schauspieler (1921 bis 1991)

Yvette weibl. Form zu Yves
Andere Formen: **Yvetta**
Namenstag: 13. Januar

Yvonne weibl. Form zu Yvo (Nebenform zu Yves); nach dem Zweiten Weltkrieg aus dem Französ. übernommen, wird auch heute noch gerne gewählt
Andere Formen: **Ivonne, Nonna**
Namenstag: 13. Januar, 19. Mai

Ein guter Name
ist ein reiches Erbteil.
Sprichwort

Zacharias männl., aus der Bibel übernommener Vorn. hebr. Ursprungs, eigentlich »Jahwe (Gott) hat sich meiner erinnert«; der Vorn. geht auf den Vater von Johannes dem Täufer zurück, der wegen seines Zweifels an der Engelsbotschaft mit Stummheit gestraft wurde und seine Sprache erst nach der Geburt von Johannes wiedererlangte
Verbreitung: im frühen Mittelalter verbreitet; nach der Reformation bis in das 19. Jh. beliebter Vorn.; heute sehr selten gewählt
Andere Formen: **Zach; Zacharie** (französ.); **Zaccaria** (italien.); **Sachar** (russ.)
Bekannte Namensträger: Zacharias Werner, deutscher Dramatiker (1768 bis 1823)
Namenstag: 15. März

Zeno männl., aus dem Griech. übernommener Vorn., Kurzform von Vorn. mit »Zeno-«, einer anderen Form zu »Zeus«
Verbreitung: verschiedene griech. Philosophen trugen diesen Vorn.; durch die Verehrung des heiligen Zeno, Bischof

Zenobia

von Verona (4. Jh.), bis in die heutige Zeit in Bayern, Tirol und am Bodensee gewählt
Andere Formen: **Zenobio, Zenobius, Zenon**
Namenstag: 12. April

Zenobia weibl. Form zu Zenobio (vom griech. »Zeus« und »bios«, Leben); die Königin Zenobia machte Palmyra in Syrien im 3. Jh. zu einem Zentrum der Kultur, wurde dann aber von Aurelianus besiegt und nach Rom gebracht
Verbreitung: seit dem frühen Mittelalter bekannt, aber bis heute nur selten gewählt
Andere Formen: **Zena, Zenab, Zenaida, Zizi** (engl.); **Zenobie, Zenaide** (französ.); **Zenovia** (russ.)
Namenstag: 12. April

Zinnia weibl., neuer engl. Vorn., der an eine Pflanzengattung (mexikan. Gattung der Korbblütler) angelehnt ist

Zita weibl., Kurzform zu Felizitas oder aus dem italien. »zita« (Mädchen, junges Ding) *Namenstag:* 27. April

Zoe weibl., aus dem Griech. übernommener Vorn., eigentlich »Leben«
Andere Formen:
Zoi, Zoa (span.)